상처 주는 것들과의

이별

일러두기

책에 나온 모든 상담 사례는 당사자의 동의를 얻어 수록됐으며,
일부는 당사자의 요청에 따라 가색됐음을 밝힙니다. 모든 사례는
사명으로 표기되었습니다.

상처 주는 것들과의

불편한 감정 뒤에 숨어버린
진짜 나를 만나다

손정연 지음

이별

타인의사유

"잘못은 저 사람이 했는데, 왜 내가 상처받아야 하지?"
"왜 누군가를 만날 때마다 똑같은 패턴이 반복되는 걸까?"
"내가 이상해서 상처받는 걸까?"
"왜 알면서도 자꾸만 상처받게 되는 걸까?"

이렇게 우리는 하루에도 몇 번씩 크고 작은 상처를 받으며 살고 있습니다. 어느 순간은 상처받는 쪽이 나인지, 주는 쪽이 나인지 구분하는 것조차 어려울 때도 있죠. 무엇이 진짜 내 마음인지 알 수 없기에 작은 것 하나하나에 예민해질 수밖에 없습니다. 그런 우리에게 필요한 건 상처가 시작된 지점을 제대로 아는 일입니다.

치료하지 않은 채 방치해둔 상처들은 나도 모르는 사이 마음속에 집을 지어 살고 있다가 어느 때엔 나를 공격적이며 예민한 사람으로, 또 어느 때엔 나를 한없이 초라한 사람으로 만들어버리곤 하죠. 분명 집은 내 마음이 쉬어갈 수 있는 편안한 곳이어야 하는데 어떤 사람의 집은 상처들로 가득해 도저히 쉴 수가 없습니다.

많은 분들이 '상처'라 하면 트라우마가 될만한 아주 충격적인 사건만을 떠올립니다. 그런데 사실 우리의 일상을 위협하는 상처는 큰 외상이기보다는 관계 속에서 주고받았던 작은 말 한마디, 눈빛 하나에서 시작된 경우가 많습니다. 그래서 이 책은 어린 시절부터 차곡차곡 쌓인 오래된 상처부터 일상에서 순간순간 받게 되는 작은 상처까지, 내 삶을 힘들게 만드는 상처들과의 조우를 통해 제대로 이별하는 법을 담고 있습니다.

이를 위해 파트 1 〈도대체 왜 이러는 걸까?〉는 일상에서 흔하게 주고받는 상처들을 살펴보며, 그 속에서 반복되는 개인의 독특한 패턴을 알아차릴 수 있도록 안내합니다. 파트 2와 파트 3은 겉으로 드러나는 상처들의 원형이 시작된 지점을 인식하고, 그것을 건강하게 치유하는 방법들을 이해하는 것을 목적으로 합니다. 그래서 파트 2 〈허기진 마음이 너에게 닿기를〉은 상처가 겉으로 표출되는 외현화를, 파트 3 〈혼자서 꾹꾹 눌러 담은 마음에게〉는 상처를 드러내지 않고 참고 견디는 내현화를 통해, 상처가 어떻게 곪아가는지를 담아냈습니다. 마지막 파트 4 〈상처의 집을 비우는 다섯 가지 열쇠〉는 상처받는 마음의 문제가 반복되지 않도록 각자의 내면에 장착하면 좋을 마음 백신들을 소개합니다.

우리 중 상처 하나 없는 인생은 없을 겁니다. 우리

모두는 괜찮은 척 오늘도 웃고 있지만 사실은 상처투성이들입니다. 상처는 그 크기와 상관없이 언제나 아프지만, 드러내고 치유한다면 얼마든지 완치도 가능합니다. 그런데 많은 사람들이 상처를 부끄럽게 생각해 숨기고 감추기 급급하죠.

안타깝게도 내 안에 차곡차곡 묻어둔 상처는 분노, 질투, 시기, 혐오, 수치심, 불안, 슬픔, 좌절과 같은 불편한 감정 뒤에 숨어서, 끝없이 나를 괴롭히는 적이 되어 나타납니다. 그러니 상처를 극복하는 힘을 길러야 합니다.

상처를 극복한다는 것은 단순히 상처가 시작된 지점을 망각하거나 그것으로부터 더 이상 어떤 감정의 고통도 느끼지 않는 상태를 말하는 것이 아닙니다. 진짜로 극복한다는 것은 어쩌면 상처로부터 덜 괴로운 상태가 되는 것, 시간이 지날수록 그것을 이겨낼 수 있는 자신감을 얻게 되는 것입니다. 즉, 상처의 집을 비우고, 불완전하고 서툰 나를 받아들이는 것입니다.

한 가지 더 덧붙이고 싶은 말이 있습니다. 상처를 받은 사람이 있으면, 상처를 준 사람도 있게 마련입니다. 하지만 저는 상처의 가해자 피해자를 구분 짓는 데 집착하기보다는 서로가 상처의 책임자가 되어주라고 말씀드리고 싶습니다. 일상에서 겪는 대부분의 상처는 관계 안에서 만들어진 것이기에 회복 또한 관계 인에서 이루어져야 합니다. 그러려면 한 사람에게 너무 많은 짐을 맡기지 않고, 나와 너의 상처를 부끄럽게 생각하지 않는 태도가 필요합니다.

　고백컨대, 글을 쓰는 동안 저 역시 제 인생과 마음 곳곳의 구멍마다 박혀있던 상처들을 만날 수 있었습니다. 저에게도 여전히 아픈 상처들이 많이 있었죠. 그것들을 모두 데리고 살아왔다고 생각하니 제 자신이 공연스레 가여워지기도 했고, 함께 견뎌주었던 제 상처들이 대견하게 느껴지기도 했습니다. 다행히 책을 쓰는 동안 저는 묻어두었던 상처들을 잘 만나고 배웅해줄 수 있었습니다.

　마음속 '상처의 집'을 비우지 않는 한 우리는 늘 예민한 사람인 채로 살아가야 할지도 모릅니다. 그런 이들에게 이 책이 상처의 집을 비울 수 있는 치유의 시간을 만들어줄 수 있었으면 합니다. 더불어 나를 힘들게 했던 사람의 상처의 집을 조심스레 들여다볼 수 있는 계기가 되었으면 좋겠습니다.

손정연

Contents

Part
01

도대체

~~~~~~~~~~~~~~~~~~~~~~~~~~~~~~~~~~~~
~~~~~~~~~~~~~~~~~~~
~~~~~

왜 이러는 걸까?

: 상처 주고 상처받는 사람들

그래서 하고 싶은 말이 뭔데요?

"괜찮아요, 나는 신경 쓰지 마세요"

직장이나 모임 등 사람이 모이는 곳에서, 우리는 이런
사람을 종종 만나게 된다. 원하는 답이 있는 듯 없는 듯
모호한 화법으로 상대의 입장을 곤욕스럽게 만드는 사
람 말이다. 이런 사람들과 대화를 하다 보면 뭔가 빠져
나올 수 없는 늪을 만난 기분이 든다.

"이야~ 나만 빼고 이렇게 모여서 맛있는 거를 먹고 있네. 응?"

"아~ 김수석님, 오셨어요? 같이 드세요."

"아니야, 됐어. 됐어. 나는 신경 쓰지 마."

직원 중 한 명이 여행을 다녀왔다며 과자를 가지고 온 참이었다. 조금씩 나눠 먹고 있었기에 같이 어울려서 먹으면 되는데, 오늘도 김수석은 말 한마디로 다른 사람들이 자신을 따돌린 듯한 양상을 만들어버린다. 결국 마음이 불편해진 직원들은 각자의 자리로 조용히 흩어졌다. 김수석과의 대화는 늘 이런 식이다.

"오선임, 나 싫어해요? 다른 부서로 발령 신청할 거라면서요?"

"아, 김수석님, 그게 사실은 입사하면서부터 해보고 싶었던 업무인데 자원을 받는다고 해서요. 아직 생각만 했어요. 안 그래도 수석님께 의논드리려고 했습니다."

"아니, 이상하게 전 부서에서도 내가 그쪽 가니깐 오선임이 이쪽으로 오더니, 내가 이쪽에 오니까 다른 데로 가려고 하는 것 같아서 말이지. 나 싫어서 피하는 거 아니죠?"

"에이~ 아니에요."

"괜찮아요. 자리 있으면 하고 싶은 거 해야지. 신경 쓰지 마세요."

오선임 입장에서 보면 김수석의 의중이 헷갈릴 수밖에 없다. 김수석이 대놓고 악의를 담아 한 말은 아니지만, 분위기상 뭔가 다른 의도가 있을 것만 같아 신경이 쓰이는 것이다. 정말 화가 난 것 같기도 하고 친밀감을 드러내며 농담을 건넨 것 같기도 하고, 도무지 알 수가 없다. 매사 이런 식이다 보니, 다른 직원들 역시 김수석과의 사적인 대화를 최대한 피하고 싶어 한다.

"내가 뭐 박수 받으려고 말한 건 아니에요. 그러니 신경들 쓰지 않아도 됩니다." 이 말은 박수를 쳐달라는 말이고, 자신에게 신경 좀 쓰라는 소리다. "같이 퇴근하죠. 뭐 따로 약속 있나요?" 이 말은 함께 저녁을 먹자는 말이다. 이렇게 김수석은 자신의 본심을 직접 이야기하지 않고, 늘 말 속에 다른 의도를 가지고 있다.

김수석 입장에서는 별것 아닐지 몰라도, 듣는 사람 입장에서는 혼란스러울 수밖에 없다. 특히나 아랫사람 입장에서는 김수석의 언어를 해독하기 위해 신경을 곤두세워야 하니 이 역시 스트레스다. 결국 모호한 말로 인해 쌓인 오해들은 김수석과 더 이상 일하고 싶지 않다는 생각을 하게 만들고, 같이 하는 시간이 길어질수록 서로 상처를 주고받는 지경에 이르고 만다.

겉 따로 속 따로, 이중 구속의 말

왜 어떤 사람들은 뜻을 파악하기 어려운 말들로 상대를 떠보는 걸까? 한마디로 이는 자신과 상대와의 관계에 자신이 없기 때문이다. 본심을 말해버리면 혹시나 속물, 이기주의자, 꼰대라는 소리를 들을까 봐 고민이 되는 것이다. 자존심도 상한다. 그래서 진짜 속으로 느끼는 '이래봬도 내가 꽤 잘나가는(나갔던) 사람이야', '나 정도 되면 칭찬받을 자격 있는 거죠?', '나 괜찮은 사람 맞지?', '나 좀 위로해줘', '나에 대해 관심을 가져줘'를 숨긴 채, 모호한 말로 상대의 반응을 자신이 원하는 쪽으로 조종하려는 것이다. 심지어 이들은 그런 화법이 상대에게 스트레스를 주고 상처가 된다는 생각 자체를 하지 못한다.

독일의 심리치료사 배르벨 바르데츠키는 자신의 책 『너는 나에게 상처를 줄 수 없다』에서, 사람들이 인지하지 못한 상태에서 저지르는 상처 주는 함정들을 다음과 같이 정리했다.

  + 첫째, 뭘 대답해도 틀린 답이 될 수밖에 없는 '이중 구속'
  + 둘째, 컨디션에 따라 자꾸만 바뀌는 '고무줄 기준'

✦ 셋째, 사랑이라는 이름으로 모두 이해받길 원하는 '암묵적 기대'

✦ 넷째, 정확한 기준을 제시하지 않으면서 기준에 무조건 따르라는 '답정너'

김수석이 사용했던 의중을 알 수 없는 모호한 언어 표현이 바로 첫 번째 함정인 '이중 구속Double bind'에 속한다. 이중 구속은 뭔가 일관되지 못하고 모순을 가지고 있는 대화를 가리킨다. 겉으로 표현된 메시지와 마음속에 품은 메시지가 다른 경우다.

이런 화법을 구사하는 사람들은 "이번 기획안 좋던데요."라고 말하면 "그럼 그동안은 별로였다는 거네요."로 반응한다. 초코와 치즈 두 종류의 케이크가 있어서 초코를 고르면, "치즈는 싫은가 봐?"라는 대답이 돌아온다. 말을 하는 사람은 그저 일상적인 대화를 주고받았다고 생각하지만, 상대방 입장에서는 도대체 어느 장단에 춤을 춰야 할지 몰라서 난처하고 당황스럽다.

조현병 환자와 그 가족들이 나누는 대화와 상호 작용에 대해 긴 시간 연구했던 체계 이론가 그레고리 베이트슨은 이중 구속을 조현병을 일으키는 대표적인 대화로 뽑았다. 한마디로 정신증을 일으킬 만큼 좋지 않은 최악의 대화라는 것이다.

무심코 내뱉는 말로 상처 주는 사람들

이중 구속 못지않게 상처 주는 화법 중 하나가 '답정너' 스타일이다. 이들은 언제나 상대방이 자신이 원하는 것을 이야기하도록 유도하는데, 예를 들면 이런 식이다.

상사: "런치 특강에 어울리는 메뉴로 아무거나 추천 좀 해봐."

직원: "한식 도시락이 어떨까요?"

상사: "너무 번거롭지 않을까?"

직원: "그럼 간단하게 캘리포니아 롤이나 김밥은요?"

상사: "너무 흔하지 않아?"

직원: "그럼 햄버거로 할까요?"

상사: "먹기가 불편하잖아."

직원: "그럼 뭐가 좋을까요?"

상사: "여럿이 같은 테이블에서 먹기 좋은 게 피자 아냐?"

직원: "네, 피자로 알아보겠습니다."

상사의 답은 언제나 정해져 있다. 이런 대화가 반복되면 부하직원은 더 이상 자신의 의견을 말하는 게 의미 없다는 걸 깨닫고 입을 다물게 된다. 그러다 어느 순간 상사가 부하직원에게 소극적이라며 비난을 해올 것이고, 부하직원의 스트레스는 점점 커지게 된다.

반면에 언제든지 우리를 때론 가해자로 때론 피해자로 만드는 함정도 있다. 우리는 자신이 받은 상처를 가족이나 친구에게 말하며 화를 내거나 슬퍼한다. 상처를 받은 사람이 있다면 준 사람도 있다는 건데 이상하게 상처를 줬다는 사람은 나타나질 않는다. 그것은 상처를 주고도 그것이 상대에게 상처가 될 수도 있다는 것을 짐작조차 못하기 때문이다. '고무줄 기준'이 대표적이다.

대부분의 사람들은 스트레스를 받으면 뇌의 감각 신경이 극도로 예민하고 날카로워지면서 불안과 우울을 느끼거나 지나친 강박관념을 가지게 된다. 그러다 보니 평소라면 문제되지 않았던 것들이 컨디션이 좋지 않을 때는 신경을 건드린다. 쉽게 납득도 안 되고, 이랬다가 저랬다가 신경질적으로 반응하게 만든다.

예를 들어 오랜만에 만난 친구가 "어디 갈까? 가고 싶은 곳 있어?"라고 묻는데 "아무데나 괜찮아."라고 대답한다. 친구는 오랜만에 만났으니 분위기 좋은 곳에서 근사한 저녁을 먹자며 지하철역에서 10분 정도를 걸어 주변 경치가 좋은 레스토랑으로 안내했다. 그런데 정작 너무 피곤한 나머지 친구의 배려는 보이지 않고, "나 오늘 일이 많아서 너무 피곤했는데 이렇게 오래 걷는 줄 알았으면 오지 말걸 그랬다."라는 말이 툭 튀어 나오고 만다. 근사한 저녁을 위해 식당을 검색하고 안내했던 친구의 정성은 물거품이 되어버리고, 둘 사이의 분위기는 싸해진다.

사실 사람들은 어떤 말이 문제가 되는지 모두 알고 있다. 내게 기분 나쁜 말, 내게 스트레스가 되는 말, 내게 상처가 되는 말은 상대에게도 마찬가지다. 그런데 모두 그것을 망각한 채 살아가고 있을 뿐이다.

Tip

✦ 나에게 상처 주는 사람을 견디는 것이 힘들다면…
89쪽, 파트 2 '너무 잘나서 큰일이네요'를 읽어주세요.

✦ 무의식 중, 누군가와 주고받는 말을 통해 상처받고 있나요?

196쪽, 파트 4 '첫 번째 열쇠_녹슨 감정 다루기'를 읽어주세요.

✦ 세상엔 이해 안 되는 사람이 너무 많죠? 타인과 소통이 어렵다면…
147쪽, 파트 3 '정말 그게 당연한 건가요?'를 읽어주세요.

✦ 나의 생각과 감정을 솔직하게 표현하는 게 어려워 관계에서 도망치고 있다면…
110쪽, 파트 2 '감정의 기억을 바꿔보기로 했다'를 읽어주세요.

✦ 나를 드러내는 것이 두렵고, 창피하게 느껴지나요?
48쪽, 파트 2 '자존심은 지킬 수 있었지'를 읽어주세요.

.

✦

그저 잘해주고 싶었을 뿐인데

남한테 피해주는 게 너무 싫어서

결혼 10년 차에 접어든 부부가 있다. 지인들 사이에서 사람 좋기로 정평이 난 남편이 무엇보다 중요하게 여기는 것은 다른 사람에게 피해를 주면 안 된다는 것이다. 그런데 그의 이런 마음이 간혹 좋은 의도와는 어긋난 결과를 가져올 때가 있다. 그리고 이때의 피해는 고스란히 아내의 몫이 되고 있다는 것을 남편은 모르는 것 같다.

친구네 가족과 저녁 식사를 할 때였다. 아내는 줄곧 남편의 눈치를 살피느라 온몸에 마비가 오는 것 같았다. 원래 이날은 남편이 출근하는 날이라 아이와 둘이서만 가려 했었는데, 마침 남편의 일정이 취소된 터였다. 어차피 저녁밥은 먹어야 하니 남편에게 같이 갈 것인지를 물어보는데, 어쩐지 남편의 컨디션이 썩 좋아 보이질 않았다. 아내는 "조금 피곤해 보이네. 쉬고 싶으면 집에 있어도 괜찮아."라고 했지만, 남편은 함께 가겠다고 했다. 그런데 가는 내내 불편한 기색이 역력했다. "피곤하면 그만 들어갈까?" 하고 몇 번을 물었으나 물을 때마다 남편은 괜찮다고 대답했다. 하지만 그의 표정이나 말투는 분명 평소와 너무 달랐고, 아내의 신경은 온통 남편에게 집중될 수밖에 없었다.

식당에 도착해서 자리를 잡고 난 뒤였다. 아이가 테이블에 놓여있던 젓가락으로 장난을 치다 떨어뜨리고 말았는데, 그 순간 남편이 갑자기 큰 목소리로 "아빠가 이런 데 와서는 얌전히 있으라고 했지!"라며 버럭 화를 내는 게 아닌가. 아내와 친구 부부 모두 놀라고 당황할 수밖에 없었다. 아내는 아이가 더 놀랐을 것 같아 얼른 "준우야, 저기 수저통에서 니가 젓가락 꺼내 와. 할 수 있지?"라고 달래며 상황을 전환시키려 애썼다.

그런 소동을 뒤로하고 간신히 식사를 시작하는데, 남

편은 친구 부부가 묻는 말에 성의 없이 단답형 대답만 이어갔다. 그러다 옆 테이블이 시끄러워지자 못마땅한 표정을 지으며 연거푸 한숨을 내쉬었다. 평소와는 다르게 신경질적인 반응이 계속 이어지는 것으로 보아 남편은 지금 몹시 피곤한 게 확실했다. 아내는 속이 부글거리기 시작했다. '아니 이럴 거면 처음부터 따라 나서지 말던가. 아까 피곤하냐고 물었을 때 말을 해줬어야지. 왜 아무렇지 않은 척 가만히 있다가 다른 사람까지 다 불편하게 하는 거야!' 아내는 유쾌해야 할 저녁 자리를 불쾌하게 만들어버린 남편이 원망스럽기만 했다.

거절을 못하는 병

평소 아내가 남편에게 가지고 있는 불만은, 남편이 남들에게 피해를 주거나 난처해지는 상황을 만들지 않기 위해 부탁이나 요구를 거절하지 못하고 다 받아준다는 것이다. 몸이 피곤하거나 자신에게 중요한 일이 있을 때는 정중히 거절하면 되는데 그러질 못하니, 불편한 감정이 이번 식사 때처럼 밖으로 새어 나오고 만다. 남편은 이것이 오히려 부탁한 상대방을 불편하게 할 수도 있다는 것을 모르고 있었다. 거절하지 않고 부탁을 들어줬다는 것에 의미를 두는 것이다. 아내는 남편의 이런 태도가 답답하기만 하다.

목마른 사람이 우물 판다고, 그날 밤 집으로 돌아올 때까지도 불편한 기분이 가라앉지 않았던 아내가 결국 잠자리에 들기 전 먼저 말을 꺼냈다.

"당신이 같이 가줘서 좋긴 했는데, 식사하면서 계속 불편한 내색을 비치니까 너무 신경 쓰이고, 짜증이 나더라고. 그냥 이럴 땐 편하게 피곤해서 쉬고 싶다고 말해주면 더 나을 것 같아."

"내가 쉬고 싶다고 어떻게 자기랑 준우만 보내냐?"

"아니, 오늘 같이 행동할 거면 그냥 안 따라 나서는 게 나았을 거 같아. 그렇게 생각 안 해?"

"당신이 그렇게 느꼈다면 어쩔 수 없지…."

"말이 나왔으니 얘기 좀 하자. 당신은 왜 '못한다. 안 된다. 싫다' 이렇게 솔직하게 말을 안 해? 오히려 그게 더 사람 불편하게 만드는 거 몰라?"

"최선을 다해도 이렇게 좋은 소리 하나 못 들으니… 진짜 속상하다. 그런데 어떡해. 그게 내 성향인 걸 어쩌겠어? 다른 사람에게 피해주는 게 싫어."

"신데렐라 콤플렉스인 거야. 뭐야. 진짜 다음부터는 그냥 솔직하게 말 좀 해."

그렇게 대화는 끝이 났다. 하지만 남편은 남편대로, 아내는 아내대로 여전히 답답하고 서로에게 서운하기만 하다.

때론 의무적인 배려가 상처가 된다

어쩌면 남편은 억울할 것이다. 그의 입장에서는 가족을 위한 배려였다. 피곤하지만 동행했고 가장으로서 의무를 다했는데, 그런 자신의 마음을 알아주지 않는 아내에게 상처를 받고 서운함을 느꼈다. 하지만 아내 입장에서 남편의 행동은 그저 남편 스스로 자기만족을 위해 습관적으로 선택한 의무적 행동으로밖에 보이지 않았다. 그게 아니라면 아이에게 그렇게 신경질적으로 반응할 리가 없기 때문이다. 오히려 아내는 배려받지 못한 것 같아 기분이 좋지 않다. 두 사람 모두 서로에게 도리를 다했음에도 마음이 편치 않은 상황이 되어버린 것이다. 사실 이를 자세히 들여다보면, 이 모든 것은 남편이 자기 행동의 동기를 인식하지 못하고, 상대에게 표현하지 않는 데서 비롯된다. 자신의 마음보다 타인이 원하는 것을 먼저 알아차리고 배려하는 것에 익숙해진 탓이다.

로고테라피(의미치료)를 연구한 빅터 프랭클은 심리학이란 인간을 움직이는 동기가 무엇인지를 이해하기 위한 학문이라고 봤다. 그만큼 동기는 한 사람의 행동 방식, 성향, 신념, 삶까지도 한순간에 바꿀 수 있는 강력한 무기임에 틀림없다.

2년 전 유럽으로 가족 여행을 떠난 적이 있다. 그때만 해도 아이는 두발 자전거를 탈 줄 몰랐었는데, 유럽 여행을 떠나기 일주일 전 하루 만에 자전거 타는 것을 마스터했다. 아이의 동기가 된 것은 네덜란드 크뢸뢰뮐러 미술관까지 자전거를 타고 가는 4km 남짓의 오솔길이었다. 평소에는 무섭고 필요 없다며 자전거를 타고 싶어 하지 않았지만, 확실한 동기가 생기자 자발적으로 연습에 매진한 것이다. 그렇다. 줄리엣의 죽음에 슬퍼한 로미오는 독약을 마셨다. 로미오에게 독약을 마시게 한 동기는 죽음으로도 갈라놓을 수 없는 낭만적 사랑이었다. 이에 대해 빅터 프랭클은 왜 사는지에 대해 확실한 의미와 동기를 찾은 사람들은 죽음의 공포도 극복할 수 있다고 했다. 즉, 동기는 만드는 것이 아니라 발견하고 알아차리는 것이며, 타인의 동기만큼 나의 동기를 인식하고 표현하는 것이 중요하다.

내 마음이 지금 원하는 것

앞서 사례에서, 남편은 왜 그렇게 하고 싶은지 자기 행동의 동기를 정확히 알지 못했고 그렇기에 아내를 이해시키지도 못했다. 하나의 행동을 하기까지 내면에서 일어나는 감정과 생각, 욕구들을 감지하지 못한 채, '가장이니 같이 가줘야 한다'라는 규칙에만 사로잡혔기 때문이다.

그의 내면은 '쉬고 싶다'란 욕구와 '가족과 함께하고 싶다'는 욕구 사이에서 충돌했다. 그중 후자를 선택했던 건, 비록 무의식이긴 하지만, 가족을 향한 마음이 더 크게 동기화된 것이다. 하지만 자신이 느끼는 감정이 무엇을 의미하는지 알아차림의 시간을 가져본 적 없기에, 그 속에서 의미와 동기를 발견할 수가 없었다. 자신의 동기를 설명하지 못하니 좋은 의도는 퇴색되었고, 억울하고 서운한 감정만이 남아 상처를 받고 만 것이다.

만약 자신의 동기를 충분히 인식했다면, 아내에게 이렇게 물어볼 수 있을 것이다. 쉬고 싶은 동기가 강하다는 것을 알아차렸다면, "같이 가주고 싶은데 내가 이번 한 주가 많이 힘들었는지 정말 피곤하네. 당신만 괜찮다면 나는 집에서 쉬고 싶은데 괜찮을까?"

함께 가고 싶은 동기가 강하다는 것을 알아차렸다면, "그쪽 가족도 다 나오는데 당신이랑 준우만 보내면 내 마음이 편하지 않을 것 같아. 피곤하지만 같이 가고 싶어."라고 말할 수 있었을 것이다.

남편의 솔직한 마음을 알게 된 아내는 다른 행동을 취할 수 있게 된다. 집에서 편하게 쉴 수 있도록 배려할 수도 있고, 만약 함께 갔다면 식사 시간을 짧게 가지거나 친구 부부에게 미리 양해를 구하는 등 좀 더 신경을 써 줄 수 있을 것이다.

내가 원하는 정확한 욕구와 동기를 솔직하게 표현할 때, 타인에게는 공감과 이해를 기대할 수 있고, 나 스스로에게는 선택한 동기와 행동을 일치시키기 위한 통제력이 주어짐을 기억하기 바란다.

〰〰〰〰〰〰〰〰〰〰〰〰〰〰〰〰〰〰〰〰〰〰〰

Tip

✳

〰〰〰〰〰〰〰〰〰〰〰〰〰〰〰〰〰〰〰〰〰〰〰

✦ 나의 감정, 생각, 욕구와 같은 무의식적 반응을 알아차리는 것이 어려운가요?
167쪽, 파트 3 '어느 날, 나를 찾아온 죄책감'을 읽어 주세요.

✦

✦ 상대방과 오해 없이 좋은 소통을 하고 싶다면…
110쪽, 파트 2 '감정의 기억을 바꿔보기로 했다'를 읽어
주세요.

✦ 나를 끊임없이 통제하려는 부모 때문에 권리를 침범 당
했다는 생각을 했다면…
100쪽, 파트 2 '가장 상처를 주는 사람이 엄마라니'를 읽
어주세요.

✦ 상대방의 눈치를 살피며 나의 감정을 숨기고만 있나요?
136쪽, 파트 3 '자꾸만 부정적으로 생각하게 되는 이유'
를 읽어주세요.

✦ '반드시~ 해야만 한다'는 생각에 사로잡혀 살고 있진 않
나요?
147쪽, 파트 3 '정말 그게 당연한 건가요?'를 읽어주세요.

순간적으로 올라오는 감정이 문제야

폭발하는 감정을 있는 그대로

흔하디흔한 커플들의 싸움 장면은 시대가 변해도 쉽게 달라지지 않는다. 한쪽은 화내고 한쪽은 달랜다. 한쪽이 화가 나 걸으면 다른 한쪽이 뒤를 쫓거나, 휙 돌아 반대로 걷는다.

"오빠는 어떻게 나랑 영화를 보면서 잠을 잘 수기 있

어?"

"나 어제 야근했잖아. 너무 피곤해서 그랬어. 미안해."

"나랑 만나는 게 이제 재미없어진 게 아니고?"

"또, 또, 삐딱선 타지!!!"

"삐딱선~? 헤어져!"

"뭐?"

"헤어지자고!"

"너는 어떻게 된 애가 조금만 화나면 헤어지자는 말부터 나오냐?"

"나 원래 그런 애야. 원래 내 마음대로 이랬다저랬다 하는 거 모르고 사귀었어?"

"그래, 원래 그런 애라는 거 몰랐어."

"몰랐으면 이제부터 알면 되겠네. 나 원래 그래, 됐지? 그러니까 헤어지면 되잖아."

"그만하자 제발. 난 너랑 헤어질 마음 없어. 너 화 풀리고 나면 또 울면서 미안하다고 전화할 거잖아."

"뭐? 오빠가 뭘 안다고 그래? 그동안 나를 아주 이상한 사이코로 생각했겠네."

"그런 뜻이 아니잖아. 왜 이렇게 삐딱해."

"그러니깐 삐딱한 애 이제 안 봐도 되고, 좋잖아. 헤어져!"

"너 금세 후회할 거면서 왜 이렇게 고집을 피우는 건

데?"

"다 필요 없어. 헤어져!"

여자는 이번에도 참지 못하고 남자에게 마음에도 없는 말을 쏟아내고 말았다. 하지만 자신도 어쩔 수가 없다. 화가 나면 그 순간을 참지 못하고 느껴지는 감정대로 다 퍼부어야만 마음이 편해지기 때문이다. 헤어지자고 먼저 말은 했지만 진짜 남자의 입에서 '그래 헤어지자'라는 말이 나왔다면, 여자는 아마 울음을 터뜨리며 상대가 다시 마음을 돌릴 때까지 비난하거나 매달리기를 반복했을 것이다. 도대체 그녀는 왜 이러는 걸까?

자꾸만 삐딱선을 타는 이유

사랑은 늘 달콤하다. 남녀가 사랑에 빠지면 상대방의 좋은 점만 보이고 단점은 보지 못하게 되는 일명 콩깍지가 씌워진 상태, '핑크 렌즈'를 장착하게 된다. 하지만 둘 사이에 오해가 생기고 다툼이 반복되다 보면 핑크색 렌즈는 회색빛으로 바래 버린다.

평소 여자는 남자에게 누구보다 좋은 연인이다. 하지만 작은 오해라도 생기면 그것을 풀고 해결하기보다는 더 키워서 극단적인 상황까지 끌고 가는 게 문제다. 스트레스에 취약한 것이다. 불같이 화를 내고 마음에도 없는 말을 하며 상대의 마음에 상처를 줘야지만 후련한 기분이 든다. 그런데 여자가 연인의 마음에 생채기를 내면서까지 확인하고 싶은 게 과연 뭘까? 한마디로, 여자는 남자가 자신을 진짜 사랑하고 있다는 것을 말과 행동으로 보고 듣고 싶어 하는 것이다. 이때 여자가 자꾸만 삐딱선을 타는 이유는 단순하다. 그냥 이런 식의 표현이 익숙하고 편하기 때문이다. 대개 이런 성향은 어린 시절 부모와의 관계에서 비롯되곤 한다.

여자의 부모님은 자주 다투셨다. 아이는 화가 난 엄마가 혹시나 자신을 두고 집을 나가기라도 할까 봐 늘 불안했고, 그 탓에 "엄마 언제 와?", "엄마 어디 안 갈 거지?", "엄마 나 학교 갔다 오면 집에 있어?" 하고 끊임없이 확인하곤 했다.

그렇게 만들어진 여자와 엄마 사이의 애착 관계는 심리학적 용어로 '불안정적 저항형'에 해당한다. 이는 '자신을 사랑해주길 원하는 엄마와 친밀함을 유지하려는 마음'과 '자신에게 냉정한 엄마를 거부하고 저항하려는 마음' 사이에서 갈등한 결과다.

저항형 애착을 경험하는 사람들은 연인 관계에서 다

툼이 생기면 상대에게 감정적으로 행동한다. 무작정 울거나 계속해서 다그치고 따지며 상대를 지치게 만든다. 하지만 이들의 속마음은 상대로부터 헤어지자는 말을 들을까 봐 두려운 것이다. 상대가 실망하고 떠날지 모른다는 생각에 항상 신경을 쓰다 보니, 삐딱선을 타서라도 상대의 사랑을 확인해야만 마음이 놓이는 것이다.

이제 막 사랑을 시작한 사이라면, 티격대격하는 과정 속에서 마치 롤러코스터를 탈 때처럼 짜릿하고 흥분되는 감정을 느낄 수도 있다. 하지만 똑같은 패턴이 매번 반복되면 상대의 피로도가 높아질 수밖에 없고, 어느덧 자신의 연인을 그냥 감정 조절이 어려운 미성숙한 사람이라고 생각하게 될지도 모른다.

적절히 다뤄지지 못한 미해결 감정들

순간적으로 올라오는 감정을 조절하지 못하고, 신경질적으로 반응하며 짜증을 내고, 자꾸만 극단적으로 표현하는 사람들. 상대방이 상처를 받는 것은 당연한 일이지만, 안타까운 것은 당사자 역시 커다란 상처를 받는다는 것이다. 폭발하는 감정이 나와 상대와의 관계에 2차, 3차로 이어지는 갈등의 점화점이 된다는 것을 이미 알고 있기 때문이다.

하지만 머리로 안다고 해도 쉽게 조절이 안 된다. 그 순간 올라오는 불쾌한 감정을 토해내고 나면 뭔가 시원한 기분이 들고, 불쾌했던 감정이 해소되는 듯한 느낌을 받기 때문이다. 더불어 자신이 지금 불쾌하고 불편한 감정을 느끼고 있다는 것을 상대에게 알리는 메시지 수단으로 사용할 수 있으니, 더욱 멈추기가 힘들다. 이는 아기들이 울음을 통해서 '배고파요', '졸려요', '똥 쌌어요', '심심해요' 등의 신호를 부모에게 보내는 것과 비슷하다. 울며 떼를 쓰는 거친 행동을 통해 자신의 마음을 이해해 달라고 몸부림치는 것이다.

아이의 울음에 부모가 적절히 반응하면서 감정을 알아주고 다루어주면, 아이는 안정감을 느끼게 된다. 이러한 감정 처리 과정을 충분히 경험하면서 자라면, 우리는 자신의 감정을 잘 알아차리고 느끼며 표현할 수 있게 된다. 하지만 이때 적절히 다루어지지 못한 미해결 감정들은 마음속 '상처의 집'에서 숨어 지내다가, 어느 날 갑자기 '제발 나를 좀 알아봐 달라고'를 외치며, 불쑥불쑥 폭발하듯 튀어 나오고 만다.

분풀이 하듯 쏟아내고 나면 그 순간은 감정이 해소되는 것 같지만, 이내 후폭풍이 두려워지며 걱정과 불안이

커진다. 또다시 조절하지 못하고 폭발해버린 자신의 행동에 실망해서 스스로를 자책하기도 한다. 게다가 상대방은 당연히 이런 생각이 들 것이다. '내가 왜 이런 대우를 받으면서까지 이 사람을 만나야 하지?', '이 정도 일로 폭발할 정도면 나중엔 큰 갈등이 생기면 절대 해결할 수 없겠네', '이 사랑을 계속 유지해도 될까?' 사랑을 확인받고 싶었지만, 오히려 상대에게 관계를 유지하는 것을 깊이 고민하게 되는 빌미를 제공하고 마는 것이다.

우리의 감정은 충분히 느껴지고 표현되어 해소되길 원한다. 그래서 우리에겐 연습이 필요하다. '상처의 집'에 갇혀 이제 그만 자신을 꺼내달라고 떼쓰는 미해결 감정들이 없는지, 매 순간 알아차리기 위해 노력하는 연습 말이다.

Tip

✴︎ 누군가에게 거절당하고 버려질까 봐 불안하고 두려운 마음이 크다면…
70쪽, 파트 2 '똑같은 패턴이 관계 속에서 반복될 때'를 읽어주세요.

✦ 고통스러운 감정을 회피하기 위해 습관적으로 하는 행동이 있나요?
60쪽, 파트 2 '도망치고 싶은 시간, 밤 9시'를 읽어주세요.

✦ 부모로부터 심리적으로 독립해서 살고 싶은데 어렵다면…
100쪽, 파트 2 '가장 상처를 주는 사람이 엄마라니'를 읽어주세요.

✦ 내가 무엇을 원하며 추구하는지, 나를 더 이해하고 싶은가요?
124쪽, 파트 3 '혹시나 남들 눈에 이상해 보일까 봐'를 읽어주세요.

✦ 감정 조절이 안 되고 충동적으로 행동해버린 자신에게 실망한 적이 있다면…
157쪽, 파트 2 '이유 없는 불안이 내 안에 가득할 때'를 읽어주세요.

✦ 잊혀지지 않는 트라우마 때문에 삶이 엉망이 되었다고 생각한 적이 있나요?
222쪽, 파트 4 '네 번째 열쇠_기억의 맥락 바꾸기'를 읽어주세요.

도무지 믿을 수가 없어서

남을 잘 믿지 못하는 사람들

뭐든 의심부터 하는 사람들이 있다. 그들 눈에 세상은 온통 자신을 곤경에 빠뜨리고, 이용하려는 적뿐이다. 타인과 주변에 일어나는 상황 모두를 의심하고 절대 믿지 못한다.

이것은 그들이 심리적으로 불안하다는 의미다. 스스로 자신의 처지가 위태롭게 느껴지기 때문에, 남들이 나를 괴롭히고 피해나 주려는 사람들처럼 보이는 것이다. 눈만 마주쳐도, 길을 가다 부딪치기만 해도 뭔가 숨은 의도가 있을 거라고 의심하며, 자신과 연결시켜서 생각을 하곤 한다. 잘해주면 잘해주는 대로 본심을 의심하고, 관심을 덜 주면 덜 주는 것에 대해 자기 식대로 해석해버린다. 못마땅한 게 있으면 상대방이 항복할 때까지 따져 물으며 논쟁을 펼친다.

바로 편집 사고를 가진 사람에게서 나타나는 특징들이다. 그런데 그들 입장에서 보면, 이런 피곤한 행동들이 자신을 보호하기 위한 방어 기제다. 그리고 우리는 특별히 성격 장애가 아니더라도 주변에서 약간의 편집 성향을 가지고 있는 사람들을 흔히 만나게 된다.

그들은 웃자고 한 말에 죽자고 덤빈다. 농담을 농담으로 듣지 못하니 그들과 이야기할 때면 무척 조심스러워지고, 실수하지 않기 위해 함께 예민해질 수밖에 없다. 까다롭고, 의심 많은 사람이라는 평가 역시 피해갈 수 없다.

'혹시 저 사람들 모여서 내 흉보는 거 아냐?'
'왜 이렇게 잘해주는 거지? 분명 무슨 꿍꿍이가 있을 거야.'

'나에게만 말해주는 게 수상해, 나를 곤경에 처하게 하려는 거야.'

'웃고 있지만 속으론 나를 무시하고 있는 게 틀림없어.'

'프로필 메시지에 그런 말을 왜 적었을까? 나 보라고 일부러 적은 게 분명해.'

아니라고, 오해라고, 아무리 설명을 해도 믿어주지 않는다. 그들과 이야기를 하다 보면 계란으로 바위를 치는 기분이 들어, 지치고 피곤하다. 그들의 사전에 우연은 없다. 모든 게 계획적인 사건들뿐이다. 그야말로 자기가 보고 싶은 대로 보고, 믿고 싶은 대로 믿으며 소설을 쓰는 셈이다. 이런 사람들을 만나면 우리는 생각할 것이다. 과연 저 사람은 내가 이렇게 많은 에너지를 써도 될 만큼 가치 있는 사람인가에 대해서.

나를 방어하기 위한 의심병

성격적으로 남을 잘 믿지 못하고, 의심이 많은 사람이 있는가 하면, 사람들과의 관계 속에서 상처받지 않기 위해 일부러 방어적인 태도를 취하는 사람도 있다. 이 두

유형이 겉으로 보여주는 행동들은 거의 흡사하다.

'사람 쉽게 믿는 거 아니다', '사람 쉽게 믿은 게 죄다'라는 말을 들어봤을 것이다. 사람을 잘 믿었던 사람이 언제부터인지 의심 먼저 하며 냉소적인 태도를 보이고 있다면, 그 뒤에는 대개 그 사람의 생각이 바뀌게 된 트라우마 사건이 존재하고 있다.

"말끝마다 돈돈돈, 정말 지겹지도 않아?"

"애 봐라~돈 없으면 누가 너 처다나 봐줄 것 같아? 존경한다, 믿는다, 의리… 이런 것도 다 돈 있을 때 말이다. 너희 아빠 봐."

잘 다니던 직장을 그만두고 강의를 시작한 지 얼마 되지 않았을 때의 일이다. 강의는 가뭄에 콩 나듯 드문드문 있었고, 공부할 것은 많았다. 그 시절, 간간히 이어진 엄마와의 통화는 진이 빠지기 일쑤였다. 엄마는 '사람 믿지 마라', '돈 아껴 써라', '친한 사이어도 돈 거래하지 마라', '보증 서지 마라', '사람한테 너무 잘해주지 마라'는 말을 끊임없이 했다. 돈에 대한 집착과 사람을 향한 의심, 그런 것들로부터 비롯된 방어적인 행동들은 간혹 지나치다 싶을 정도였다. 하지만 엄마가 처음부터 이랬던 것은 아니었다. 아빠가 지인들에게 서준 몇 차례의 빚보증이 잘못 되어 대신 빚을 갚아야 했다. 그러다 아빠의 사고가 있었고, 보험료로 나온 얼마 안 되는 돈은 잠깐만 쓰고 돌려준다는 말과 함께 사라져서 다시 엄마 손으로 돌아오지 못했다. 생명의 위협을 느낄 정도로 큰 트라우마 사건이라고 할 수는 없지만, 그 당시 엄마는 아빠의 병수발로 몸과 마음이 지친 상태였기에, 사람들이 보여주는 작은 말 한 마디와 행동 하나하나에 상처 입기 충분했다. 그때부터 엄마에겐 '사람 절대 믿으면 안 된다', '가까운 사람이라도 절대 돈 거래는 하는 거 아니다'라는 2개의 신념이 만들어졌다.

이제 엄마는 사람들의 말을 곧이곧대로 믿지 않는다. 특히, 돈과 관련된 일이라면 매우 예민해져서 엄마가 눈으로 확인하기 전까지는 경계 태세를 절대로 풀지 않는다. 늘 꼼꼼하게 따지고 확인한다. 합리적 의심을 이중 삼중으로 하는 것이다.

작은 상처들이 반복될 때

스트레스에 취약하거나 심리적 외상을 가진 사람들이 자신을 지키기 위해 다소 방어적이며 적대적인 경계 태세를 취하는 것은 어쩌면 자연스러운 일일지 모른다.

우리가 흔히 '트라우마Trauma'라고 부르는 외상 사건Traumatic event은 죽음의 위협, 신체적 상해, 성폭력과 같이 개인에게 심각한 충격을 주는 사건을 의미한다. 보통 삼풍 백화점 붕괴 사고, 대구 지하철 폭발 사고, 세월호 침몰 사고나 교통사고처럼 하나의 큰 사건이 외상을 만든다. 하지만 큰 사고가 아닌 작은 상처가 되는 사건들이 반복적으로 겹쳐져 만들어진 '복합 외상Complex Trauma'도 있다.

내담자 중 계절성 우울증을 호소했던 여성이 있었다. 그녀는 20대 어느 겨울에 작은 캐리어에 급한 대로 옷가지만 넣어 쫓겨나다시피 부모님 집에서 가출을 했다. 사랑하던 남자로부터 눈보라가 치던 겨울에 이별 통보를 받았으며, 열심히 일했던 첫 직장에서 밀린 월급을 제대로 받지 못한 채 추운 겨울 퇴사해야 했고, 눈 쌓인 언덕 길을 내려오다 미끄러져 다리를 다치는 사고를 겪었다. 그녀는 겨울이 되면 무기력증에 빠졌고, 자신을 힘들게 했던 남자와 그 남자를 포함한 세상 모든 남자를 혐오하게 되었다. 복합 외상이다.

이러한 외상을 가지고 있는 사람에게 가장 크게 드러나는 것은 감정 조절이 안 되고, 감정 변화의 예측이 어렵다는 것이다. 이들은 자신이 느끼는 불안, 공포, 분노 등 격렬한 감정을 자신이 편안한 대로 왜곡해서 해석한다. 오해와 불신이 바탕이 된 그들의 말은 상대를 지치게 하고 아픈 생채기를 내지만, 그들의 입장에서는 더 이상 자신을 감정의 수렁으로 밀어 넣고 싶지 않다는 정상적인 방어일 뿐이다. 하지만 그들을 상대하는 사람의 입장에서는 불필요한 논쟁과 힘겨루기 밖에 되지 못하니, 그저 피하고 싶어지는 것도 당연할지 모른다.

다소 억지스러운 그들의 방어 태세를 마주하게 된다면, 우리는 눈에 보이는 것이 전부가 아니라는 것을 이해할 수 있도록 도와줄 필요가 있다. 반대로 당신이 상황을 의심하고 믿지 못하는 유형이라면, 내 주변을 둘러싼 모든 것들이 진짜 위협과 방해가 아님을 인식할 필요가 있다.

Tip

✦　　　다른 사람들은 들어올 수 없는 생각의 벽을 만들고 있

진 않나요?

147쪽, 파트 3 '정말 그게 당연한 건가요?'를 읽어주세요.

✦ 감정을 억압하다가, 충동적으로 표출하기를 반복하고
있다면…

80쪽, 파트 2 '이건 분명한 저 사람 잘못인데, 내가 왜'를
읽어주세요.

✦ 상처 입어 고통스러운 감정을 속으로만 삭이고 있었다
면…

176쪽, 파트 3 '한 번도 위로해준 적 없는 마음'을 읽어주
세요.

✦ 제대로 애도하지 못한 트라우마 사건으로 불안정다면…

185쪽, 파트 3 '모든 상실은 똑같이 중요하다'를 읽어주
세요.

✦ 지난 상처는 훌훌 털어버리고, 새로운 삶을 살아보고
싶은가요?

229쪽, 파트 4 '다섯 번째 열쇠_내려놓기'를 읽어주세요.

Part
02

허기진

내 마음이 너에게 닿기를

자존심은 지킬 수 있었지

어쩌면 내가 좋은 사람은 아닐지 몰라

나의 경우, 지금까지 살아오며 가장 고통스러운 일 중 하나는 어쩌면 내가 좋은 사람이 아닐 수도 있음을 인정하는 것이었다. 돈과 권력이 전부인 줄 알고 사는 사람들을 보며 호기롭게 손가락질하고, 삶의 철학이 무엇인지도 모르는 속물들이라며 눈살을 찌푸렸지만, 어느 날 나는 그것이 가진 힘에 무기력해져야만 했다. 사교육에 열을 올리며 치맛바람을 일으키는 엄마들을 향해 자녀에게 진짜 중요한 것이 무엇인지 모르는 어리석은 사람들이라고 비난했지만, 막상 나와 내 자녀에게는 다른 잣대로 그럴듯한 이유를 내세웠다.

　나는 실수 없이 완벽하고, 선하며, 늘 타인에게 모범이 되는 소위 좋은 사람이고 싶었지만, 실상은 아니었던 것이다. 나는 더러 실수를 했고, 어리석은 생각을 앞세워 내 주장을 굽히지 않을 때가 종종 있었으며, 오만한 태도로 누군가에게 비난의 대상이 되기도 했다. 힘들거나 우울한 모습을 보여주는 것을 상대와의 심리 게임에서 지는 것으로 받아들이며, 늘 '미스코리아 미소(가짜 미소)'를 장착한 채 살고 있었다는 것도 뒤늦게야 깨달았다.

　이렇게 내게 형편없는 반쪽의 모습이 있음을 인정하는 것은 그야말로 상처이자 고통이었다. 부족한 것투성이의 쓸모없는 사람이 되는 것만 같아 거부하고 싶었다. 나는 끝까지 괜찮은 사람이어야 했다. 부러움과 시기의 대상이 되는 것이 나쁘지만은 않았다. 마치 그것이 결점 없이 완성된 내 모습을 비추는 거울이라고 착각했던 것이다. 허영심이 만들어낸 존재하지 않는 실루엣뿐이란 것을 애써 부인했다. 누구보다 불완전한 모습으로 살아왔다는 것을 받아들이기까지, 제대로 정리되지 못한 나의 시간과 경험들은 뒤죽박죽이 되어 눈에 띄지 않는 구석에 처박아둘 수밖에 없었다. 그러다 뒤늦게 심리 상담을 공부하며 나는 나의 기억과 경험들을 제대로 이어 붙이는 기술을 훈련하게 되었고, 비로소 담담하게 거울을 쳐다볼 수 있었다. 고통스러울 것 같았지만 사실 별거 아니었다.

"두려웠던 거잖아. 사람들이 실망할까 봐. 내가 정말 아무것도 아닌 사람이 될까 봐. 그래, 그냥 난 무서웠던 거야." 이것으로 충분했다. 한줄 밖에 안 되는 이 고백이 왜 그리도 어려웠던 걸까?

불완전한 내 모습을 다른 사람에게 보여주는 것이 아무렇지 않은 사람은 없다. 그래서 사람들은 불만족스러운 자신의 반쪽을 가급적 모른 척하며 스스로와 타인을 속여보기로 타협을 한다. 그게 덜 아프기 때문이다.

나를 숨기는 사람들의 인간관은 우월하거나 열등하거나, 두 경우만 존재한다. 모든 사람들에게 장점이 있듯이, 다른 한편에 단점과 한계가 있다는 것을 허락하지 못하는 것이다. 이것은 비뚤어진 '자기애Narcissism' 때문이다.

언제나 주인공이고 싶은 비뚤어진 자기애

동화 속 백설 공주에 나오는 계모처럼, 우리는 사람들 사이에서 자신의 가치를 확인받고 싶어 한다. 물론 계모처럼 "거울아, 거울아, 세상에서 누가 가장 예쁘니?"라며 내가 정말 예쁜지 직접적으로 묻는 것은 아니지만, 다른 사람에게 내가 중요한 존재로 자리하며 인정받길 원한다. 그리고 이 기대가 충족되지 못하면 실망하여 우울해 하거나, 자신의 가치를 몰라봐주는 상대를 깎아 내리는 것으로 마음의 안정을 찾기도 한다.

자존심이 너무 상해 스스로 자발적 아웃사이더를 자처한 지 3개월이 됐다며 상담실을 찾아온 혜원도 비슷했다. 진짜 자기와 만나는 것에 거부감을 드러내며 좀처럼 마음을 열지 않으려 했다. 그랬던 그녀가 어느 날 자신의 어린 시절 이야기를 꺼냈다.

어린 혜원은 내심 기대를 했다. '내 이름을 부르겠지….' 그러나 끝내 이름은 불리지 않았고, 그녀는 주인공이 되지 못했다는 실망감에 약이 올랐다.

'내가 저 애들보다 못한 게 뭐지?'

'난 인정할 수 없어.'

'선생님은 왜 저 애들만 예뻐하는 거지?'

'혹시 내가 가난한 집 딸이어서 안 뽑아준 걸까?'

열두 살밖에 되지 않았던 혜원의 눈에 그날의 명단은 도저히 납득할 수 없는 것이었다. 당연히 그녀 차례까지 오리라 생각했다. 그것은 가을 운동회의 꽃이었다. 6명의 꼭두각시들은 반짝이는 족두리에 예쁜 한복을 입고서 긴 기둥에 매달린 색색의 천을 하나씩 잡고, 서로 엇갈려 뛰며 머리를 땋아 내리듯 띠를 엮었다. 기둥 전체가 색색의 띠로 빙 둘러 촘촘히 엮어지면 운동장 가장자리부터 가득 메워 앉아있던 사람들은 크게 박수를 치며 환호했다. 6명 안에 들지 못한 아이들은 하얀 운동복에 알록달록 꽃술이 붙은 볼품없는 고깔모를 쓴 채 작은 소고를 치며 이리저리 뛰어다녔다. 혜원이 보기에 이들은 그저 들러리에 불과했다.

어린 혜원에게 주인공이 되지 못한다는 사실은 견딜 수 없는 수모였다. 물론 나중에 꼭두각시를 뽑는 기준이 단순히 키순이었다는 것을 알게 되었지만, 그렇다 해도 혜원의 허기진 마음은 채워지지 않았다. 알고 나니 오히려 작은 키가 원망스러울 뿐이었다.

어른이 된 지금도 혜원은 여전히 주인공이길 원한다. 그런데 최근 승진 시험에 떨어지면서 그녀는 다시 들러리가 된 것 같아 수치스러웠고, 그것이 그녀로 하여금 자발적 아웃사이더의 길을 선택하게 만들었다. 혜원은 잔뜩 화가 나 있었다. 자신은 그저 실효성이 떨어지는 새 평가 제도의 운 나쁜, 첫 번째 희생자가 된 것이라며 불쾌한 기분을 드러냈다.

혜원이 바라는 이상적인 모습은 사람들로부터 인정받는 멋진 커리어 우먼이다. 그러기에 이번 인사 결과는 그녀의 커리어에 씻을 수 없는 오점으로 남았다. 사회에서 존경받는 사람과 그렇지 못한 사람을 구분하는 그녀만의 기준에 의하면, 지금 그녀의 처지는 고깔모를 쓴 채 작은 소고나 치며 운동장을 돌던 들러리일 뿐, 결코 인정과 존경의 대상이 될 수는 없었다. 무능하다며 폄하했던 사람들의 무리에 자신이 속하게 된 것에 수치심을 느끼고 있었다.

사실 혜원은 그동안 지금의 자신과 비슷한 처지에 있었던 사람들에게 "일을 잘하는 사람이 있다면 당연히 상대적으로 못하는 사람이 있을 수밖에 없죠. 억울해할 필요가 없어요. 그것이 내 실력이라는 것을 인정해야 하는 거 아닌가요?"라거나 "결과를 받아들이지 않고 남 탓을 하는 사람치고 일 잘하는 사람을 본 적이 없어요."라는 식의 말을 하며, 상대를 한심하고 무능하기 짝이 없는 사람으로 치부했었다.

그런데 이제 자신이 비슷한 처지가 되고 나니, 스스로가 애처롭고 억울할 뿐이다. 보통은 이럴 때 과거 자신이 했던 일들을 떠올리며 미안해하고 후회하는 것이 대부분이지만, 자존심이 센 사람들은 반대의 모습을 보여준다. 자신이 느끼는 감정 외에는 아무것도 중요하게 생각되지 않기 때문이다.

알고 보면 자존감이 아닌 열등감

남들보다 늘 우월해야 한다는 강박적 욕구가 큰 사람들은 실망하며 좌절하는 일을 겪었을 때 '이런 일은 있을 수 없어. 뭔가가 잘못된 걸 거야'라며 현실을 완전히 부정하게 된다. 패배자가 되는 것은 상상하기도 싫을 만큼 고통스럽기 때문에, 어떻게든 괴로운 감정 자체를 들키지 않으려 한다. 좌절했다는 것은 내가 틀렸거나 실패한 사람임을 인정해버리는 것과 같기에 아무렇지 않은 척, 괜찮은 척 보이려 죽도록 애쓰는 것이다. 불필요한 관계는 최대한 차단하고, 내 처지를 이렇게 만든 대상을 원망하고 부정하는 수밖에 없다. 화를 낼 수 있는 대상이 있다는 것에 그나마 안도하게 되고, 화를 내는 그 순간만큼은 나를 힘들게 하는 고통과 수치심으로부터 멀어질 수도 있다.

주변에 자기 잘난 맛에 사는 사람 한두 명은 꼭 있지 않은가? 그들을 보면 거만하리만큼 자신에 대한 우월감을 가지고 있다. 판단의 기준은 흑과 백 내지는 옳고 그름만 존재하고, 타인을 심판하는 재판관이 되어 주변 사람들을 평가하는 것을 즐긴다. 반대로 내가 누군가로부터 받는 평가는 불쾌한 일이고, 더구나 그 결과가 좋지 않다면 평가 과정에 분명 문제가 있을 거라며 받아들이기를 거부한다.

혜원도 마찬가지였다. 완벽해야지만 다른 사람들로부터 인정받는 커리어 우먼이 될 수 있다는 그녀만의 공식이 깨져버리는 순간, 그녀가 가장 견딜 수 없는 것은 그녀를 비난하는 동료들의 얼굴이 오버랩 되는 것이었다. 그러니 자신에게 다가와 '그럴 수 있어, 너무 실망하지 마'라는 위로도 모두 거짓으로 느껴질 수밖에 없었다. 속으로는 비웃으며 조롱하고 싶은데 모두 숨기고 있다고 생각하는 것이다. 그녀는 여태껏 자존감이 높은 사람인 척했지만, 실상은 그저 자존심에 지나지 않았던 거다.

이렇게 건강치 못한 자기애로부터 시작된 불안정한

자존심은 다른 사람들의 칭찬과 인정, 기대를 만족시킬 수 있을 때에만 스스로를 가치 있다고 여기게 만든다. 나의 감정에만 매몰되어 있기에 타인의 감정은 왜곡하며 부정한다. 자신의 감정이 거부당할 경우 크게 분노하는 패턴을 보이기도 한다. 화를 내는 순간은 무기력하지도 나약하지도 않은 그야말로 센 사람처럼 보일 수 있기 때문에, 자존감을 지켰다고 생각하는 것이다. 알고 보면 자존감이 아닌, 열등감으로 채워진 자존심에 속고 있을 뿐이지만 말이다.

불완전한 민낯의 나를 받아들이기

우리는 누군가를 평가하는 평가자인 동시에 누군가의 평가 대상이 된다. 그러니 의지와 상관없이 만들어진 평가의 구조 안에서, 타인으로부터 내 가치를 인정받고 존중받기를 원하는 것은 너무나 자연스러운 일이다. 인정은 인간이 가진 가장 기본적 욕구 중 하나이자 삶을 살아가는 원동력이 된다. 실제로 인정 욕구는 자신이 원하는 것에 대한 목표를 세우고 성취하는 과정에서 스스로의 가치와 내면의 욕구를 발견하게 함으로써, 자신의 내적 중심이 되어주는 '참자기true-self'를 성장시킨다. 하지만 부모나 친구, 직장 동료와 같이 인생의 중요한 타인에 속하는 대상으로부터 충분한 사랑과 인정을 받지 못했다고 해석되어지는 순간, 건강한 의미의 자기 성장은 멈춘다. 이때부터는 오로지 인정받는 것만을 인생 최대 목표로 삼고 누구에게든 거부당하지 않기 위해 죽을힘을 다하는 '거짓자기false-self'만 남는다. 원래 참자기와 이것을 보호하며 타인의 욕구에 순응하는 역할을 하는 거짓자기는 서로 보완하며 성장해야 하는 관계다. 하지만 어느 순간 분열되어 그 균형이 깨지면 '가짜 자기'만 남고 만다.

'진짜 자기'가 누구인지 모르고 사는 사람들은 잎을 조금 건드리기만 해도 확 움츠러드는 미모사처럼 모든 신경의 레이더를 타인을 향해 열어둔다. 대개는 자라는 과정에서 부모의 사랑이 부족했거나, 너무 넘치거나, 혹은 지나치게 조건화된 사랑만을 경험했을 경우, 마음의 상처가 메워질 때까지 인정에 목을 매게 된다. 달콤한 칭찬에 중독되어 늘 남들보다 우월하고 완벽해지기 위해 강박적으로 일하고 공부하는 것이다.

인정받지 못하는 것은 내가 남들보다 우월하지 못한 것이기에 허기진 마음이 커진다. 또 예고 없이 수치심과 무기력, 분노와 같은 감정으로 드러나 스스로를 곤경에 빠뜨리기도 한다. 남들에게 약한 모습을 들킬세라 여지없이 몸짓은 과장되고, 목소리는 점점 커진다. 상대로부터 공격당할지도 모른다는 신호가 약하게라도 감지되면, 먼저 화를 쏟아내기 바쁘다. 언제나 나를 분노하게 만드는 것은 외부와 타인이다. 이것이 나를 지키는 최고의 방법이라 믿기 때문이다. 이 상태에서 누군가와 관계를 맺게 되면, 당연히 상대에게도 또 스스로에게도 상처를 줄 수밖에 없다.

원래 사람은 누구나 우월함을 추구하며 살기에 그 자체가 문제될 일은 없다. 그러나 서툴고 실수할 수도 있는 현실의 나를 부인한 채, 항상 우월해야 한다는 생각으로 과장되게 행동하는 것은 그저 열등함을 숨기기 위한 병적 증상일 뿐이다.

심리학자 아들러는 열등감을 들키지 않기 위해 과장되게 행동하는 '우월 콤플렉스superiority complex'를 경계하라고 말한다. 그러려면 불완전한 민낯의 나도 수용할 수 있어야 한다. 그리고 그 방법은 의외로 간단하다.

'나는 쓸모없어. 나는 사랑받지 못할 거야'라는 열등감으로부터 자신의 존재를 확인받기 위해 애쓰기를 멈추고, '나도 실수할 수 있어. 이런 나라도 좋아해주는 사람이 있어. 나라서 해낼 수 있었던 거야'라는 식으로, 나

스스로를 먼저 수용하는 것이다. '불안하고 예민한 나'
는 열등한 내 모습을 다른 사람들이 알아차리지 못하도
록 숨기려 할 때 나타난다. 수치심과 부끄러운 감정은
내가 만들어내는 2차 감정일 뿐이다.

도망치고 싶은 시간, 밤 9시

아무렇지 않은 척도 중독의 일종

아마 주변을 살펴보면, 중독적인 활동에 빠져있는 사람들을 쉽게 찾아볼 수 있을 것이다. 가장 흔히 볼 수 있는 경우가 인생 전부를 돈에 집착하며, 돈을 위해 사는 사람들이다. 그들은 언제 어디서든 흥정을 하고, 인간관계의 질도 대상에 따라 달라진다. 어떤 사람은 학력 업데이트에 모든 시간과 노력을 쏟아 붓는다. 물론 배움은

백년지대계가 맞다. 그러나 그것이 가족이나 건강, 휴식 등 그 어떤 것보다 늘 우선되고 있다면 이 또한 중독이다. 또 당장 필요하거나 꼭 필요한 것이 아닌데도 이것저것 사는 것을 멈출 수가 없는 사람도 있다. 한마디로 통제력을 상실한 것이다.

꼭 겉으로 보이는 중독만이 전부는 아니다. 어떤 이들은 분노나 슬픔, 기쁨과 같은 강렬한 감정에 중독되어 살아간다. 이들은 가볍고, 작고, 약한 단계에서는 어떤 기분의 변화도 느낄 수 없다. 더 무겁고, 더 크고, 더 자극적이며 강렬한 것을 원한다. 그것이 자신을 파괴하는 쪽이라도 중간에 멈추지 못하고 더욱 강하게 그것을 추구한다.

또 어떤 이들은 불쾌한 감정을 회피하기 위해 '나는 괜찮아', '고통을 느끼지 않아야 성숙한 인간이지'와 같은 '인지적 중독' 상태를 유지하기도 한다. "저는 지금까지 살면서 누군가에게 화를 내본 적도 화가 난 적도 없어요. 생각해보면 이해 안 가는 게 없으니까요."라고 말하는 사람과 "요즘 XX 때문에 너무 화가 나요."라고 말하는 사람이 있다면, 둘 중 누가 더 솔직하고 건강한 사람일까? 우리는 자신이 느끼는 감정이 정확히 무엇인지 인식해야지만 그 감정을 제대로 조절할 수 있다. 화가 나지 않는 사람은 없다. 그저 자신이 화가 났다는 것을 알아차리지 못하도록 막는 생각에 중독됐을 뿐이다.

중독이란 감정의 대체물을 찾는 것

비에 젖은 흙길을 걷다 보면, 무슨 생각에 깊이 빠져있
었던 것인지 신발에 진흙이 달라붙고 있다는 것조차 느
끼지 못할 때가 있다. 그러다 문득 발을 옮기는 순간 진
흙의 무게를 느끼고, 그제야 자석의 양극에 대롱대롱 매
달린 철가루마냥 신발에 덕지덕지 달라붙은 진흙이 보
인다.

한동안 나는 나도 모르는 새 신발에 달라붙은 진흙처
럼 일에 중독됐던 적이 있다. 처음엔 그저 일이 즐거워
서 내가 뒤늦게 적성을 찾은 거라 생각했다. 그 당시 나
의 평균 수면 시간은 4시간을 넘지 않았다. 지금 다시
그때처럼 일하라고 하면 바로 백기를 들 것이다. 하지만
당시에는 그것이 워킹맘이라면 치러야 하는 당연한 통
과의례라고 생각했다. 아이가 어렸기에 강의 준비를 하
고 책을 읽으려면 아이가 잠든 늦은 밤부터 새벽을 이용
할 수밖에 없었으니까.

그런데 문득, 내 행동에 이상하게 반복되는 패턴이 읽
혔다. 남편에게 서운한 감정이 올라오면 그 기분을 바

꾸기 위해서 책상을 찾았던 것이다. 이것은 쇼핑, 도박, 섹스, 종교 의식과 같은 중독적인 활동이었다. 뭔가 특별하고 반복적이며 강박적인 활동을 함으로써 기분을 변화시키고자 했던 것이다. 많은 전문가들은 중독의 가장 공통적인 원인으로 마음의 상처를 말한다. 그야말로 감정의 대체물을 찾는 것이다.

대부분의 사람들이 그렇듯 나 또한 사랑받는 귀한 존재이며, 어디에서든 쓰임받는 괜찮은 사람이길 원했다. 그리고 나는 줄곧 꽤 귀한 존재로 사랑받았고 인정과 지지 속에서 성장했다. 그렇기에 스스로 상처받은 내면이 존재하지 않는다고 자신했지만, 상처는 예상치 못한 곳곳에서 어느 날 불쑥 내 앞에 나타났다. 처음 신발에 진흙이 들러붙었던 것은 스무 살 때였다. 어린 시절 내가 자주 들었던 말은 '잘한다, 대단하다, 너를 믿는다, 괜찮다'와 같은 수없이 많은 인정과 격려였고, 이 말을 해주는 사람은 아빠였다. 그런데 스무 살, 예기치 못한 교통사고로 모든 신체 활동이 멈춰버린 아빠에게선 더 이상 나를 지지하는 말도, 위로하는 말도 들을 수 없었다. 나는 너무 슬프고 아팠지만 억누른 감정으로 나를 포장했다. 그리고 슬픔이 몰려오면 술을 마셨고, 한번 술을 마시면 폭음으로 이어졌다. 그런 나의 행동이 중독이라고는 상상조차 하지 않았다.

그러나 이제는 안다. 과거의 나는 견디기 힘든 감정을 전환시켜야 한다는 강박을 느꼈고, 그때마다 여지없이 술에 의존한 채 가짜 감정에 속아 넘어갔다는 것을. 그리고 좀 더 어른이 되고 난 후에는 일을 핑계로 내 감정을 속이고 무시했으며, 심리 공부를 하고 나름 괜찮은 어른이 됐다고 생각한 후부디는 '괜찮아'라는 말 뒤로 숨어버렸음을.

수치심은 모든 감정을 지배해버린다

상담실에서 만난 유정은 매력적인 외모가 돋보이는 20대 초반의 여성이다. 고생 없이 귀하게 자랐을 것만 같았던 그녀는 과거의 나처럼 진흙이 덕지덕지 달라붙은 신발을 신고 있었다. 무엇보다 혼자 있는 시간을 견디지 못하는 유정이 제일 싫은 것은 밤 9시다. 그녀는 밤 9시가 되면 안절부절 못하고 방을 배회하다 결국 전화기를 들고 친구들에게 문자를 보낸다. "뭐해? 술 한 잔 어때?" 불안과 막막함 그리고 울적한 기분이 올라올 때마다 그녀는 어떻게든 그 감정과 정반대되는 감정을 느낄 수 있도록 행동했다. 친구들을 만나 수다를 떨고 술을 미시다

보면 이내 불안하고 우울했던 기분은 왁자지껄 요란한 소리와 함께 새벽 너머로 사라졌다. 테이블이 즐거운 기분들로 꽉 찼기에 유정은 스스로 감정을 잘 다스렸다는 자부심을 느꼈다.

고등학교 시절 유정은 공부나 학교생활에 큰 흥미를 느끼지 못했다. 소위 질 나쁜 아이들로 분류되는 일진들과 어울려 다니며 술과 담배를 배웠다. 그 무렵 부모님은 이혼했고, 유정의 방황이 누그러들 기미가 보이지 않자 아빠가 매를 들었다. 예민한 사춘기 때라 싫었을 법도 한데 유정은 별다른 생각이 없었고, 아빠를 원망하지도 않았다. 나라면 상처가 됐을 것 같은데 그녀는 아무 일도 아니라며 더 이상 말하고 싶어 하지 않았다. 분명 일반적이지 않았다.

게다가 특이하게도 상담을 하는 내내 유정은 입가에 미소를 잃지 않았고, 이는 고통스러운 이야기를 할 때도 마찬가지였다. "지금 너무 힘들었다고 말하면서도 웃고 계시네요? 이렇게 웃으며 잊고 싶은 게 있나요?"라는 나의 질문에 그녀는 다른 집과는 달리 결함투성인 가정환경에서 벗어나고 싶었지만 아무리 애써도 늘 제자리였기에 화가 났다고 했다. 또 겨우 그 정도의 일로 화나 내고 있는 자신이 너무 부끄럽게 느껴졌다 했다. 알고 보니 유정이 웃음으로 감추고 싶었던 것은 스스로에 대한 수치심이었다.

수치심은 내가 한 인간으로서 결함이 있고 부족하다는 느낌이 들 때 올라오는 감정이다. 수치심은 내가 다른 감정들을 느끼는 것을 가만히 두고 보지 않는다. 슬픔, 두려움, 분노 등의 다양한 감정을 느낄 때마다 '그 감정을 느끼는 것은 어리석은 거야'라고 밀어내며, 내가 느끼는 모든 감정을 수치심이 지배해버린다. 그야말로 모든 감정을 마비시켜 무감각하게 만드는 것이다.

우리가 알고 있는 모든 중독의 전제조건이 바로 이 무감각이다. 유정이 보인 중독적 행동은 결국 '수치심'에서 비롯된 것이었다. 그녀는 출구가 보이지 않는 현실 앞에서 두려움을 느꼈지만 수치심은 그녀에게 두려움을 받아들이는 대신 술을 권했다.

자기자비의 시간을 가지는 연습

우리가 느끼는 여러 가지 감정들이 수치심 안에 갇히게 되면 고통에 무감각해지기 위한 방어 기제로 중독적 활동을 하게 된다. 이것은 건강에 해롭다. 그러니 단순히 고통에서 벗어나기 위한 '기분 전환'에 집착하지 말고,

오히려 그 기분에 멈출 수 있어야 한다. 꼭꼭 숨겨뒀던 상처가 남들에게 드러나는 것이 무서워 사용했던 '부정, 억압, 투사, 전환, 축소'와 같은 방어 기제를 더 이상 사용하지 않아야 한다.

이는 어떤 사건이 실제 일어난 일이 아니라거나, 절대로 일어난 적이 없다며 '부정'하고 '억압'하기보다는 누구에게라도 일어날 수 있는 일이라는 보편성을 내게도 적용하는 걸 말한다. 나에게 일어난 일, 내가 느끼는 감정을 타인에게 '투사'하기보다는 선택에 책임을 다하는 것이다. 불쾌하고 불편한 일이 일어난다고 느낄 때마다 술, 쇼핑, 도박, 섹스 등에 의존해서 기분을 '전환'하기보다는 크게 심호흡을 한 후 '나는 지금 불안함을 느끼고 있어'라고 감정 그대로를 비판 없이 관찰하고 느껴보는 것이다. 별일 아니라고 괜찮은 척 '축소'하기보다는 그런 일을 겪어내고 견뎌내느라 얼마나 아프고 힘들었을지, 자신을 향한 연민의 위로를 해주는 것이다.

물론 이 과정이 쉽지는 않다. 그래서 우리를 괴롭히는 방어 기제에서 벗어나려면, 내가 느끼는 감정을 오롯이 느끼며 머무르는 시간이 필요하다. 이는 타인이 아닌 나를 위한 '자기자비Self-Compassion'의 시간을 의미한다. 나에게 베푸는 자비는, 내가 뭔가 잘못했다거나 잘못된 존재

라는 생각 때문에 비롯된 '수치심 중독'으로부터 벗어나
도록 도울 것이다.

  자기자비는 '자기친절self-kindness', '보편적 인간성common
humanity', '마음챙김mindfulness' 이렇게 세 가지로 구성된다.
자기친절은 자신의 상처나 고통, 결점을 무시하지 말고,
친한 친구나 가족을 위로하듯이 자신에게 친절을 베푸
는 것이다. 보편적 인간성은 나에게만 고통과 좌절의 사
건이 일어나는 것이 아니라 누구나 경험할 수 있는 일이
기에 충분히 공감받을 수 있음을 인정하는 것이다. 마음
챙김은 고통스런 순간을 억지로 부인하거나 억누르지
말고, 있는 그대로 관찰하고 느껴보는 것이다.

  처음부터 자기자비의 시간을 가지는 게 낯설고 어색
할 수 있다. 그래서 아래 예시에서처럼, 잠자리에 들기
전 자기자비 일지를 작성해보는 것을 추천한다. 일기를
쓰듯 오늘 하루의 사건들 속에서 자기자비의 세 가지 요
소를 생각해보며 글로 적어보는 것이다.

  우선 마음의 안녕감을 파괴시켰던 스트레스 사건을
떠올린다. 그 상황에서 내가 느낀 부정적 감정과 생각을
적은 후 이것을 전환시킬 수 있도록 자기자비의 세 가지
요소를 적용시켜본다. 일지를 쓰는 게 익숙해지면, 나중
에는 굳이 일지를 쓰지 않아도 자연스럽게 자기자비의
시간을 가질 수 있게 되고, 오늘 하루 있었던 사건뿐만

아니라 과거의 사건에도 적용할 수 있게 된다.

날짜	스트레스 사건	나의 정서
7/14	동료의 기획안이 팀 프로젝트에 채택되었다. 그저 파트장과 친해서 혜택을 받은 거라는 생각이 들었다.	동료를 질투하고 있는 스스로가 못마땅하고, 수치스러웠다.

자기친절	보편적 인간성	마음챙김
"기획안을 쓰는 과정에서 열심히 노력하는 내 모습이 멋졌어. 중간에 포기한 사람도 있는데 끝까지 마무리한 것도 훌륭해."	"열심히 준비한 것의 결과가 좋지 않으면 누구라도 상대에게 열등감을 느낄 수 있지."	"내가 동료를 질투하고 있구나, 나도 열심히 준비했으니 인정받고 싶었던 거야."

똑같은 패턴이 관계 속에서 반복될 때

언제나 똑같은 이별 패턴

그리스 신화에 등장하는 에코는 숲의 요정이다. 말하는 것을 좋아하는 그녀는 제우스가 요정들과 바람피우는 것에 협조했다는 이유로 제우스의 아내인 헤라에게 미움을 받게 되고, 분노한 헤라는 에코에게 남의 말만 똑같이 따라할 수 있다는 저주를 내린다. 그 후 에코는 아름다운 미소년 나르키소스를 사랑하지만, 제대로 된 대화를 할 수 없으니 작은 관심조차 받을 수 없다. 좌절하고 실망한 에코는 동굴 속에 틀어박혀서 나오지 않았고, 그렇게 점점 야위어가다 결국엔 목소리만 남게 된다.

여기 에코처럼 비참한 최후를 맞이하고 싶지 않은 한 여성 재희가 있다. 상담하는 도중 애인과 주고받은 문자를 나에게 보여주는데, 이미 많이 흥분한 상태였다.

"감기인가 봐. 자고 일어나면 괜찮겠지."

"그래, 잘 자."

재희가 원한 반응은 '그래 잘 자'가 결코 아니었다. 걱정이 돼 어쩔 줄 몰라 하면서 당장 그녀를 보기 위해 달려오는 모습을 원했다. 하지만 상대의 반응은 그녀에게 전혀 관심조차 없는 사람 같았다. 그냥 자려니 화가 났다. 참지 못한 재희는 장문의 메시지를 남겼다.

"아프다는데 어떻게 그럴 수가 있어? 감기가 아닐 수도 있잖아. 이러다 큰 병이라도 난 거면 그래서 영영 못 보게 되면 오빠는 평생 미안해서 제대로 살 수 없을 거야. 이런 식으로 혼자 외롭게 할 거면 나랑 왜 사귄 거야?"

애인에겐 어떤 답장도 오지 않았다. 다음 날도 그 다음 날도 그녀의 메시지는 허공에 떠다니다 이내 터져버리는 비눗방울 신세가 되고 말았다. 세상이 끝난 것 같은 불안과 분노가 뒤섞였던 재희는 술을 잔뜩 마신 후

애인에게 죽어버릴 거라는 메시지와 함께 운전대를 잡고 있는 자신의 모습을 사진으로 찍어 보냈다. 다섯 번째 남자 친구였다. 그녀의 연애는 늘 6개월을 넘기지 못했다. 제대로 연인 관계로 발전할 것 같으면 이내 문제가 터졌고, 결국 헤어지기를 반복했다. 사랑을 의심하고, 다스려지지 않은 날것의 감정을 상대에게 쏟아내는 행동이 이미 그녀의 사랑 패턴으로 자리 잡았기 때문이다.

어쩌면 경계선 성격 장애인 걸까

성격이란 뭘까? 심리학자 에리히 프롬은 인간의 성격에 대해 개인이 자신의 세계와 '관계하는' 방식에 근거하고 있다고 했고, 정신과 의사 해리 스택 설리반은 인간의 삶을 결정짓는 반복적인 '대인 관계 상황'의 패턴이라고 했다. 대인 관계 상황은 개인이 자신과 타인의 관계 속에서 일어나는 정서적 경험과 관련된 사건들을 의미한다.

대인 관계에 결함이 있는 사람들일수록 사랑에 집착한다. 이들은 외롭게 버려지고 싶지 않은 마음에 상대에게 온갖 정성을 다한다. 그런데 어찌된 일인지 상대는 오히려 집착하지 말라며 숨 막혀 한다. 열심히 말힌 에코와 전혀 알아들을 수 없었기에 무시했던 나르키소스의 관계와 닮은 모습이다. 이들의 사랑이 힘든 이유는 자신과 타인을 대하는 관계 방식, 바로 성격에 치명적 결함을 가지고 있기 때문이다.

재희는 어린 시절 맞벌이로 바빴던 부모와 떨어져 지방의 소도시에서 조부모와 함께 살았다. 부모는 처음엔 일주일에 한 번, 뒤로는 한 달에 한 번, 길게는 6개월에 한 번밖에 찾아오지 않았다. 그나마 그녀가 학교 성적을 좋게 받아온 날은 전화를 하거나 선물을 보내주기도 했다. 좋은 성적을 유지하면 부모의 관심이 더 커질 거라 생각한 재희는 학창 시절 줄곧 상위권의 성적을 지키기 위해 노력했다. 그러나 부모의 관심은 크게 바뀌지 않았고, 그녀는 부모가 어린 자신을 버린 거라 생각했다. 존재를 부인 당하는 기분이었다. 점점 더 재희는 버림받는 것만은 피하고 싶었고, 촉각을 곤두세우게 됐다. 불안으로 텅 빈 마음은 버림받지 않기 위해 상대에게 과도하게 매달리거나 집착하도록 했고, 그녀는 모든 것을 흑과 백으로 나누는 이분법적 사고의 틀에서 평가하기 시작했다. 특히, 이성에겐 극단적 이상화와 평가 절하를 반복했다. 자신에게 조금이라도 호의적인 사람을 만나면 완벽한 사람이라며 극찬을 했다가, 상대가 조금이라도 자신에게 소홀한 느낌이 들면 천하에 몹쓸 인간을 만들어 악담과 비난을 퍼부었다. 주변 사람들은 감정의 기복이 큰 그녀를 점점 멀리하기 시작했고, 그녀는 그런 사람들을 자신의 성의를 무시하고 짓밟는 폭력배쯤으로 취급해 버렸다.

이런 그녀의 생각과 행동은 경계선 성격 장애를 가진 사람들의 증상과 일치한다.

경계선 성격 장애borderline personality disorder를 일으키는 원인은 크게 '생물학적 원인, 이분법적 사고, 부정적 양육 태도', 이렇게 세 가지로 알려져 있다. 그들의 어린 시절은 비교적 행복하지 못하다. 부모에게 받는 칭찬, 인정, 사랑이 턱없이 부족했다거나 일관되지 않다 보니, 칭찬받는 나와 비난받는 나 중 어느 쪽이 진짜인지 혼란스럽다. 스스로에 대한 가치감이 무너졌기 때문에, 내가 과연 사랑받을 자격이 있는 사람인지 아닌지에 대해 끊임없이 확인하고 싶어 한다.

그러니 이들은 상대방이 바로 앞에서 '사랑해'라고 말을 해줘도 '정말 이 사람은 나를 사랑하는 걸까?'를 떠올리며 불안해한다. 그리고 정말 사랑하는 것인지 안심될 때까지 확인한다. 집착하며 매달리고, 심할 경우 자살 협박이나 자해와 같은 위협적인 방식도 거리낌 없이 사용한다. 재희가 술을 마시고 운전대를 잡았던 것도, 남자친구가 놀랄만한 충격적인 사진을 본다면 자신에게 돌아올 거라 생각했기 때문이다. 이들은 '부모도 버린 나를 세상 누가 사랑하겠어?', '나는 누구에게도 환영받지 못할 존재야', '세상은 온통 위험하고 악의에 차있어'라고 생각한다. 심리학자 아들러는 이것을 지속적이지 못하고 신뢰성이 떨어지는 부모의 양육 태도 때문이라고 말한다. 어떤 이유이든 스스로 자신의 존재를 부정하는 사람은 자신과 타인 사이에서 주고받는 사랑에 점점 자신감을 잃을 수밖에 없다.

언젠가는, 결국, 역시

재희는 불안한 기분을 자주 느꼈는데, 그 불안은 대개 일어나지 않은 미래의 위협에 대한 걱정이었다. 실체가 없는 것에 대한 상상적 감정인 것이다. 그러니 상상 속 부정적인 이미지를 바꿀 수 있다면, 불안한 감정을 충분히 낮출 수 있다. 이때는 막연하게 느끼고 있는 불안을 구체적으로 글로 써보는 것이 도움 된다.

✦ '언젠가는 떠나고 말 것이다.'

- ✦ '나를 사랑하는 것 같지 않았다.'
- ✦ '결국 나는 또 혼자가 될 것이다.'
- ✦ '내가 아무리 잘해도 사람들은 결국엔 떠난다.'
- ✦ '역시 세상은 내가 살기에 적당하지 않다.'
- ✦ '나는 아무것도 해보지도 못하고 결국 죽게 될 것이다.'
- ✦ '역시 나를 이해하는 사람도 불쌍히 여기는 사람도 전혀 없을 것이다.'

　재희가 쓴 글에서 반복적으로 적힌 단어들을 찾게 했다. '결국'과 '역시'였다. 나는 그녀에게 이 단어들이 뭔가 간절히 원하는 것을 너무 쉽게 포기하고 단념해 버리는 느낌을 전해서 슬프다고 말해줬다. 그녀는 참고 있던 눈물을 흘렸다. 그녀가 쓴 글 어디에도 실존은 없었다. 버려지고 말 거라는 부정적 생각이 만들어낸 허상뿐이었다. 좀 더 구체적으로 어떤 상황에서 저런 생각들로 불안이 엄습해 오는지를 물었다. 재희는 상대로부터 연락이 안 되면 '결국 떠났다'는 생각이, 상대가 무표정한 얼굴로 자신을 바라보기라도 하면 '역시 나를 좋아할 리 없지'라는 생각이 꼬리에 꼬리를 물고 놔주지 않는다고 했다. 이것이 가리키는 것은 지난 날 부모와의 관계에서 받은 상처가 만들어낸 불안정한 대인 관계의 도식이었다.

어린아이에게 부모의 사랑은 다른 무엇으로도 대체 불가능한 것이다. 그러니 그것을 박탈당했을 때 느끼는 상실의 상처는 말로 표현할 수 없게 크다. 혹시 연인이나 친구를 이렇게 대체 불가능한 대상으로 인식하게 되면, 누구라도 어쩔 수 없이 무서운 집착으로 상대를 구속하고 싶어질 수밖에 없다. 다행히 도식은 바꿀 수 있다. 대체 불가능한 것이 아닌 가능한 것으로 바꿔보는 것이다.

내 감정에 이름을 붙이는 연습

과거의 상처로 사랑에 집착하고 있다면, 혹은 사랑을 할 때마다 관계 속에서 상처를 받는다면, 이제는 나와 상대의 관계에 대해 어떤 정의를 내리고 있는지 점검해볼 필요가 있다. 혹시 생각 속에 잘못된 오류가 있다면 적극적으로 반박할 수 있어야 한다.

어떤 사람은 나의 평생지기가 되어주겠지만 어떤 사람은 그저 스치는 인연일 거다. 길을 가다 보면 모르는 사람과 옷깃이 스치는 경우가 있지 않은가? 그런 가벼운 인연일 뿐인데 옷깃이 스칠 때마다 칼에 베인 것 같은 고통을 느낀다면 온몸이 피투성이가 될 것이다. 그러니 조금 더 현실적이며 적극적인 생각들로 나의 관계 도식을 바꿔줘야 한다.

재희가 가지고 있는 또 하나의 문제는 감정의 기복이 심하다는 것이었다. 우울하거나 화가 났을 때 극과 극으로 표현하는 점이 그렇다. 우리가 느끼는 감정들은 0~100까지 저마다의 강도를 가지고 있다. 화가 나는 감정이 20~30정도일 때 알아차릴 수만 있다면, 물건을 던지거나 부수는 방식이 아니라 잠시 멈춰 서서 심호흡이나 스트레칭을 하고, 차가운 물을 한잔 마시며 걷는 것으로도 얼마든지 조절할 수 있다. 그러니 내가 느끼는 감정을 조금 더 세밀하게 인식하고, 사회에서 보편적으로 수용되는 방식 안에서 적절히 표현하는 연습을 해야 한다.

이때 감정에 이름 붙이는 작업을 꾸준히 해준다면 도움이 된다. '감정 이름 붙이기' 또는 '감정 라벨링Affect Labeling'이라고도 하는데, 이것은 격양된 감정의 뇌에 브레이크 역할을 한다. 우리 뇌의 우측 외배측전전두피질과 내측전전두피질의 활동 증가를 유도해 우리의 감정을 결정짓는 변연계의 편도체를 진정시키는 것이다. 방법은 간단하다. 현재 내가 경험하고 있는 감정에 언어로 꼬리표를 다는 거다. 그리고 그 감정의 강도를 가장 야 한 단계 0부터 가장 강한 단계 100 사이의 숫자로 표시해본다. 물론 다른 사람에게는 들리지 않도록 마음속으로 떠올리기만 하면 된다.

✦ 나는 지금 분노를 느껴, 70 정도 세기야.
✦ 나는 지금 외로움을 느껴. 50 크기로 느끼고 있어.

이렇게 감정 라벨링을 하고 나면, 내가 이 감정 상태를 유지하는 것이 이로운지, 멈추거나 낮추는 것이 이로운지를 계산할 수 있게 된다. 이것이 '감정 인식'이다. 넓은 의미에서 감정을 인식한다는 것은 내가 느끼는 감정과 더불어 이 감정이 나의 생각과 행동, 또 타인과 상황에 미치는 영향까지 미리 예측하여 알아차리는 것을 말한다.

제대로 감정을 인식했다면 울부짖고 화를 내는 극단적 방법으로는 더 이상 나의 진심이 전달될 수 없다는 것을 알게 될 것이다. 그것은 상대에게 닿지 못하고 동굴에만 맴도는 에코일 뿐이기 때문이다. 그러니 우선은 나의 감정을 인식하고 격정적인 감정 상태에서 벗어나도록 조절한 후, 상대가 알아들을 수 있는 언어로 표현하고 반응을 기다려야 한다.

이건 분명한 저 사람 잘못인데, 내가 왜

"내가 받은 만큼 상처를 주고 싶어"

눈에는 눈, 이에는 이. 당한 만큼 되돌려줘야지만 직성이 풀리는 사람들이 있다. 끊임없이 보도되는 보복 운전이 대표적일 것이다. 욱하고 올라오는 화를 참지 못하고, 타인을 향해 공격적인 행동을 해버린다. 성격상 문제를 가진 경우가 아니더라도, 우리는 어떻게든 표현해야지만 체증이 내려갈 것 같은 답답하고 억울한 감정을 느낄 때가 있다. 타인으로부터 나의 권리를 침해받았다고 느끼거나, 나의 권리를 제대로 행사하지 못했다고 느낄 때. 너무 화가 난 나머지 어떻게 해서든 그 상대에게 내가 받은 만큼 상처를 주거나 그 상대를 무리 안에서 몰아내버리고, 고립시켜버리고 싶다는 욕구가 생기는 것이다.

정신 의학 교수인 스튜어트 유도프스키는 너무 쉽게 심각한 분노를 표출하는 사람들에게 '착취, 연민의 부족, 양심의 결여'와 같은 세 가지 법칙이 있다고 했다.

- ✦ 착취 : '아무도 주지 않기 때문에, 내가 빼앗는다.'
- ✦ 연민의 부족 : '나는 내가 받지 못한 것을 다른 사람에게 주지 않을 것이다.'
- ✦ 양심의 결여 : '내가 상처받지 않았다면 그것은 고통이 아니다.'

프로 불편러의 불편한 하루

분명 집에서는 부모 말에 순종하며, 모범을 보이는 사람인데 밖에서는 전혀 반대의 평가를 받는다면 어떨까?

둘 중 하나는 참이고, 하나는 거짓이라 할 수 있을까? 아니다. 두 모습 전부 한 사람이다.

상담실에서 만난 20대 후반의 하영은 직장에서 '프로 불편러(매사에 예민하고 별것도 아닌 일에도 부정적인 여론을 형성해서 논쟁을 부추기는 사람)'로 불리는 사람이다.

자신이 보기에 불공정하다고 느껴지는 것이 있으면 곧바로 항의를 해야지만 직성이 풀린다. 그녀 스스로는 누군가가 해야 할 일을 마땅히 해낸 것이라고 생각하지만, 직장 동료들이 보는 그녀는 괜히 불편을 자초하는 사람이다. 그래서인지 그녀는 한 직장을 6개월 이상 다녀본 적이 없다. 20대 후반이지만 벌써 세 번째 직장이다. 그녀는 뭐가 문제인지 모르겠다며 억울한 심기를 드러냈다. 정말 개선이 필요한 부분을 말했을 뿐이라는 거다. 분명 동료들도 처음엔 그녀의 의견에 공감하며 호응해줬다. 그런데 상사에게 말하고 나니 모두 모른 척하고 있다며, 동료들에게 배신감마저 느끼고 있었다. 그녀를 발끈하게 만드는 것들은 대략 이랬다.

- 먼저 퇴근한 상사가 전화를 걸어 부하 직원에게 업무를 맡긴다.
- 현장 퇴근하기로 하고 외근 중인 사람을 급한 일도 아

닌데 다시 복귀하게 한다.

✦ 예고 없이 갑자기 소집되는 회의와 연장 근무가 빈
번하다.

많은 직장에서 흔하게 접할 수 있는 상황들이었다. 이런 일이 일어나지 않는 게 당연한 것이긴 하지만, 이 부분이 지켜지지 않는다고 해서 인사 조치를 요구하며 항의할 수 있는 사안인지는 애매한 것 같았다. 아마도 동료들 역시 나와 비슷하게 생각하지 않았을까 싶어 물었다.

"동료들이 하영 씨 앞에서는 공감하는 것 같았는데, 같이 행동하지 않은 이유는 뭘까요?"

"지들 살 궁리 찾았겠죠. 찍히면 안 되니까… 비겁해요."

이제 하영의 화는 자신의 편이 되어주지 않았던 동료들을 향하고 있었다. 자신이 마치 화살받이 내지는 방패막이 신세가 되어버린 것 같다며 억울해했다. 사실 직장에서 불만 사항을 발견하고 공론화하는 것 자체가 잘못된 것은 아니다. 다만 그것을 어떤 방식으로 공론화할 것인지가 중요하다. 주어진 환경과 상황을 고려해서 적절한 절차 안에서 처리할 수 있는 방법을 찾아 체계적인 관점에서 접근했느냐가 중요한 거다. 그런데 하영은 이런 절차를 무시한 채 그저 기분대로 먼저 표출해 버리고 말았다.

게다가 그녀는 흥분하면 목소리가 커지고 말의 속도 가 급격하게 빨라지는 모습을 보였다. 동료들 눈에는 이런 모습이 굉장히 공격적이면서 적대적으로 느껴졌을지 모른다.

왜 화가 나는 걸까

일반적으로 분노가 표현되는 방식은 크게 '분노 표출, 분노 억제, 분노 조절'의 세 가지 방식이 있다. 그리고 대부분의 사람들은 억제하거나 표출하는 방식을 사용한다. '내가 조금만 참으면 별일 아닌 게 되니 참자', '말한다고 바뀌겠어? 참자', '괜히 속 좁은 사람처럼 보이니 참자'라며 사람들은 화가 나는 순간 참고 억제한다. 하지만 이 '참자'가 한 번이 아니라 '참자, 참자, 참자…'로 여러 번 반복될 경우 또는 너무 격렬한 화를 느끼게 될 경우에는 참는 단계를 건너뛰고 표출해버리는 순간이 온다. 그러다 보니 분노를 조절하며 사는 사람보다는 억제하거나 표출하는 경우가 많을 수밖에 없다.

하영처럼 분노를 표출하는 사람, 그러니까 화를 잘 내는 사람의 속마음을 이해하기 위해서는 우리가 인간관계에서 어떤 태도를 취하는지에 대해 먼저 파악해봐야 한다.

우리는 관계 속에서 원치 않는 사건을 겪게 되면 불안, 수치심, 비참함과 같은 고통스러운 감정을 느끼게 된다. 하지만 이런 부정적인 감정을 내가 느끼고 있다는 것을 상대에게 들키지 않으려 애쓰는 것이 일반적이다. 좌절하고 실망한 모습이 자칫 상대와의 시시비비를 따지는 데 있어 불리하게 작용하거나 자신이 상대보다 약하다는 것을 인정하는 것만 같아 자존심이 상해서 아닌 척 하는 거다. 그래서 솔직한 내 감정을 표현하기보다는 좀 더 큰 목소리와 큰 몸짓으로 격렬한 분노를 표현하며, 상대를 위협하는 것으로 문제의 원인이 상대에게 있음을 확정지으려 한다. 지고 싶지 않은 마음이다. 상대가 쩔쩔 맬수록 내 분노가 인정받고 받아들여졌다고 생각하게 된다. 으쓱해진 기분에 우쭐함이 더해져 가족에게만 그랬던 사람이 친구, 직장 동료 할 것 없이 더 많은 사람과 더 다양한 상황에서 이 방식을 실험하기에 이른다. 한마디로 먹힌다고 생각하는 거다. 이것만큼 빠르고 쉬우며 정확하게, 자신이 인정받고 상대를 제압할 수 있는 방법은 없다는 착각의 믿음도 커질 수밖에 없다. 이때 사용된 분노를 군이 정의해본다면, 심리학자 아놀드 라자러스가 말한 '나와 내 것을 모욕하는 공격'에 맞서기 위해 순간적으로 자연스럽게 일어난 분노에 해당된다.

그런가 하면 어떤 이들이 사용하는 분노는 심리학자 브루노 베틀하임의 설명처럼, 어린 시절 무력하게 학대당한 아이가 자라서 가해자가 되어버리는 '가해자와 동일시하는 것'에 해당할 수도 있다. 이것은 어린 시절의 폭력과 학대, 해결되지 않은 상처의 원인이 분노로 표출되는 것을 가리킨다.

엄격한 규칙이 내 안에 자리할 때

하영은 무엇보다 사회적 규범과 도덕적 규칙이 강조되는 가정 환경에서 자랐다. '~을 해야만 한다' 또는 '~을 해서는 안 된다'는 기준이 많았고, 그녀의 행동 하나하나는 마치 판사에게 판결 받듯 그렇게 선과 악의 기준에서 평가되었다. 자신의 의견을 말하는 것은 그저 핑계나 변명 정도로밖에 받아들여지지 않았기에 억울했다. 그렇다고 그 억울함을 풀고 싶어 말을 하기 시작하면 힐난과 비난을 더 크게 받았기에, 그저 부모님의 말에 순종하고 따르는 것이 평화 유지를 위해 더 나은 방법이었다.

내면에 엄격한 규칙을 가지고 있는 사람이 인간관계에서 상처에 취약해지는 이유 중 하나는 자신이 따르고 있는 행동 기준들을 다른 사람도 따라주기를 바라기 때문이다. 그것이 법률로 정해진 규칙이라면 당연한 것이 되지만, 지극히 개인적인 경우라면 애기는 달라진다. 오히려 그녀를 불필요하고 무리한 요구나 하는 부적응자로 분류하게 될 것이다.

그렇다면 가정에서는 순종적이기만 했던 하영이 밖에서는 프로 불편러가 될 수밖에 없었던 이유는 뭘까? 바로 그녀가 누구보다 '순종적'인 딸이기 때문이다. 순종적인 자녀들은 부모 앞에서 자신의 감정을 억제한다. 자녀 역시 어느 때에는 부모와 생각이 다르기도 하고, 내 이야기를 하고 싶을 때도 있다. 그런데 말하지 못하고 분노, 우울, 두려움 등의 감정들을 차곡차곡 쌓아두고 그냥 처박아 두려니 억울하다. 그러다 이 억울함이 한 번씩 올라오면 그녀는 누구보다 엄격한 검열자, 바로 그녀의 부모가 되어 타인의 행동을 선과 악의 기준에서 평가하는 것이다. 자신은 그 많은 규율들을 다 지켜내고 있는데 그걸 무시하며 편하게 사는 사람들을 보면 심기가 뒤틀리고, 그들의 감정을 착취하고픈 마음에 연민이 사라져버리는 것이다.

일과 인간관계에서 내가 손해 보는 듯한 억울한 감정을 느껴본 사람들은 누구의 잘못이 큰지를 밝히는 것에 집착한다. 그래서 '나의 탓'인지 '남의 탓'인지를 확인해 가해자에게 복수하고 싶어 한다. 하지만 이러한 기해자 찾기는 속상한 마음을 달래는 데 그다지 도움이 되질 못한다. 순간적인 감정 해소는 될 수 있으나, 여전히 문제는 남아있기 때문이다. 그러니 이때는 내 마음이 진짜 원하는 게 무엇인지에 집중해야 한다. 나의 진짜 마음은 상대를 핍박하고 싶은 것이 아니라 내가 더 이상 상처받고 싶지 않다는 것일 테니 말이다.

그러니 혼자만 멍에를 짊어진 것만 같은 억울한 상처의 늪에서 빠져나오려면, 분노할 것이 아니라 공감받고 싶었다는 것을 솔직하게 털어놓는 것이 우선되어야 한다.

너무 잘나서 큰일이네요

언제나 세상의 중심이 나인 사람들

많은 심리 전문가들이 한 사람의 심리 발달에 있어서 가장 중요한 것이 '자기애'라고 입을 모아 말한다. 하지만 이렇게 중요한 역할을 하는 자기애도 사실 지나치게 클 경우 정신병이 되거나, 타인에겐 폭력이 될 수 있다. 살다 보면 세상의 중심이 자기라고 생각하는 안하무인의 사람들을 가끔 만나게 되는데, 확실히 그들의 생각은 남다르다.

'나는 특별한 사람이야. 특별한 대우를 받는 게 당연하지.'

'나를 존경하지 않거나 특별한 대우를 해주지 않는 사람은 참을 수 없어.'

'감히 나를 평가한다고? 니가 뭔데?'

'내 능력을 알아보지 못하는 사람은 보나마나 수준이 낮을 거야.'

'내 의견에 반대하거나 비판하는 사람은 나를 질투해서 그러는 거야.'

'그래서 사람은 애초에 급을 나눠서 만나야 해.'

'소위 성공한 사람들만이 나를 이해할 수 있어.'

그야말로 자신에 대한 특권 의식이 차고 넘치는 사람들이다. 나는 이런 사람이 나타난다면 무조건 피하라고 말해주고 싶다. 그런데 이 안하무인의 사람이 내 의지와 상관없이 도저히 피할 수 없는 사람이라면 어떻게 해야 할까?

예를 들어 부모, 배우자, 자녀, 직장 동료가 그렇다면 말이다. 그들은 대놓고 나에게 상처를 주지만, 이상하게도 피해자인 나를 오히려 나쁜 사람으로 만들어버린다.

첫 상담에서 말보다 눈물을 더 많이 흘렸던 40대 초반의 워킹맘 은지 역시 자기애가 넘치는 상사 때문에 힘든 날들을 보내고 있었다.

은지는 11년째 같은 회사에 다니고 있다. 이 회사를 다니며 결혼을 했고, 두 아이의 엄마가 되었다. 그야말로 그녀의 희로애락이 고스란히 스며든 곳이다. 회사가 어떻게 늘 즐겁기만 할까. 그래서 그녀는 마치 친정 엄마와 딸의 관계처럼 자신과 회사는 애증의 관계라 생각하며, 11년차 직장인의 버티는 기술을 펼치고 있는 소위 베테랑이다. 그런 그녀가 너무 억울해서 숨이 막히고, 울분이 쌓여 단 하루도 버티지 못할 지경에 놓였다. 퇴근길 버스 안에서 종일 꾸역꾸역 애써 참았던 눈물이 쏟아져 나왔다.

처음엔 워킹맘의 고단한 일상 때문이라며 마음을 다잡았다. 그 다음엔 자신이 중년의 나이가 되면서 감수성이 높아져 그러는 거라며 현실을 부인도 해봤다. 하지만 서럽고 복잡한 감정의 화살표가 가리키는 곳은 언제나 부서 이동 후 새롭게 같은 팀이 된 팀장이었다.

나르시시즘의 상사를 견딘다는 것은

처음 같은 팀이 되었을 때 은지가 느낀 팀장의 이미지는 그야말로 프로 중 프로였다. 은지와 같은 나이지만 아직 미혼인 팀장은 세련된 외모의 도시적 매력을 풍겼고, 부서원들과 격의 없이 지내면서도 회의 시간엔 카리스마가 넘쳤다. 이런 모습이 은지에겐 호탕하게 느껴졌다. 그런데 은지가 사람을 잘못 본 것인지 아니면 팀장이 연기를 잘한 것인지 헷갈릴 정도로, 3개월이 지난 후부터 팀장의 모습은 너무 많이 달라졌다.

은지는 매일 아침 출근과 동시에 팀장에게서 메일 폭탄을 받았다. 얼핏 보면 업무 처리에 있어서 실수한 부분을 피드백하는 것처럼 보였지만, 자세히 읽어보면 딱히 업무 진행에 문제가 될만한 일은 아니었다. 예를 들어 몇 차례 회의를 통해 이미 공유했던 책임자의 이름을 빠뜨리고 안 써서 자신이 찾아보느라 애를 먹었다며, 작은 실수를 반복적으로 지적하는 식이었다. 또 11년이나 해당 부서에서 일했다면서 아르바이트보다 일의 결과 보고가 늦은 것은 실력 부족인 것 아니냐며 능력을 폄하하는 말을 했다. 알바와 은지가 처리하는 일의 경중이 다르다는 걸 모두 알고 있는데도, 자꾸만 같은 저울위에 올려놓고 공개 비교를 하며 모욕감을 주는 것이다.

어느 날은 밀접하게 협업을 해야 하는 타부서 담당자와 친하게 지내는 것에 대해 "저는 괜히 담당자들끼리 친하게 지내는 게 그다지 좋아 보이지 않더라고요."라며 편 가르기를 하고, 어느 날은 "부서장님과 오래 같이 근무해서 허물없이 지내는 것은 좋은데요. 다른 사람이 볼 때 오해가 생길 수도 있으니 자중하기 바라요."라는 말로 상사에게 아부나 하는 사람을 만들었다. 은지는 억울했다. 팀장의 행동은 그저 자신을 못마땅하게 여기거나 견제하기 위해 빈정대고 조롱하는 것으로밖에 보이질 않았다. 하루도 빠짐없이 비슷한 일들이 반복되다 보니 매시간 팀장의 눈치를 살피게 되고, 도저히 업무에 집중할 수도 없었다.

가장 서러운 건 이렇게 괴로운데도 직장을 그만두지 못하는 자신의 처지였다. '직장은 결국 썩은 동아줄이라도 잡아야지 살아남을 수 있는 곳인가?'라는 생각을 하는 자신을 발견할 때마다, 그녀는 무기력감에 빠질 수밖에 없었다. 팀장이 점점 무서워지는 것은 은지가 분노와 모욕감을 느끼도록 폄훼하는 것에 그치지 않고, 팀 내부에서만 공유해도 되는 작은 실수를 부서장이나 임원, 유관 부서장까지 참조 메일을 보내 은지를 무능력한 사람으로 몰고 가는 것이었다.

그녀는 균형을 잃고 싶지 않았다. 그래서 나름 자기객

관화를 해보려 노력도 했다. 자신이 느끼는 불쾌한 감정이 잘나가는 동갑 팀장에 대한 자격지심 때문은 아닌지, 또는 최근 스트레스로 인해 그냥 넘어가도 될 일을 너무 예민하게 받아들이고 있는 것은 아닌지 등 여러 관점에서 원인을 찾아보려 애썼다. 하지만 수긍이 될만한 이유가 도무지 떠오르지 않았다. 그동안 다양한 성향의 팀장들을 만나 일을 해왔지만 지금처럼 힘들거나 곤란했던 적은 한 번도 없었다. 그녀는 왜 이런 말도 안 되는 일로 자신이 퇴사를 고민해야 하는지 답답하고 화가 났다.

타인을 아래에 두고 싶은 자기애성 성격 장애

자꾸 타인을 착취하며 갑질하려는 사람의 심리는 '자기애성 성격 장애'를 가진 사람들이 보이는 특징과 유사한 행동 패턴을 가지고 있다. 이들은 주변 사람들을 자신의 발밑에 두려는 특권 의식에 빠져 복종을 요구하고 착취하려 든다. 자신을 추앙하지 않거나, 자신보다 더 주목받는 사람을 보면 심기가 몹시 뒤틀린다. 그냥 두면 자신이 무시당한 것 같고 자존심도 상하니, 어떤 식으로든 곤경에 빠뜨려야만 직성이 풀리는 거다. 다른 사람들에게 좋지 않은 평판을 듣도록 악의적인 소문을 퍼뜨린다거나, 친한 관계 속에서 따돌림을 당하도록 이간질하는 식의 치사한 방법으로 큰 상처를 입힌다.

팀장이 은지를 향해 겨눈 칼날이 이것과 비슷하다 할 수 있다. 주간 업무 보고나 휴가 처리와 같이 기본적인 것들을 지적하거나, 작은 실수를 반복적으로 지적하며 비난하고, 다른 직원들 사이에서 이간질하며 관계망을 위협하는 것들이 여기에 속한다.

자기애가 넘치는 나르시시스트들은 자신이 한 일에 대해 과대평가하며 공을 인정받기를 원하지만, 자신의 눈 밖에 난 사람이나 경쟁의식을 느끼는 사람의 공은 폄하하기 일쑤다. 잘 되면 '내 덕', 잘 안 되면 '남 탓'을 하며, 문제의 원인이 항상 상대에게 있다고 말한다. 공감능력이 현저하게 떨어지기 때문에 상대가 받을 스트레스와 상처에는 조금도 관심이 없다. 바로 세상의 중심이 자기여야 하는 유아기 때의 '웅대한 자기상 self-image'을 버리지 못했기 때문이다.

어린아이들은 자신이 뭐든 마음먹은 대로 척척 해낼 수 있는 능력자라고 생각한다. 그래서 아이들의 꿈은 현실이 전혀 반영되지 못한 공상과 상상 그 자체인 경우가 많다. 하지만 자기 밖에 모르던 아이들이 성장하는 과정에서 자연스럽게 타인과 교류하고, 학교나 사회에서 적절한 좌절과 실패를 경험한다. 이를 통해 '우월한 나' 이면에 '열등한 나'도 함께 존재한다는 것을 알고, 이를 인정하게 된다. 대부분의 사람들은 이런 다양한 경험들을 통해 균형 잡힌 자기 개념을 가진다. 하지만 자기애가 넘치는 사람은 겨우 운전면허 필기시험에 합격했을 뿐인데, 마치 자기가 카레이서가 된 것 같은 착각에 운전대를 잡고, 도심을 질주하는 것과 유사하다. 자기에 대해 비현실적인 우월감과 웅대성을 버리지 못하기 때문에 그렇다.

몸은 어른이 되었지만 여전히 세 살 어린아이가 펼치던 상상의 나라에서 공주님과 왕자님으로 살고 있는 것이다.

지독한 자기애에 빠져서 상대의 마음을 공감하지 못하는 나르시스트의 거만한 행동에 상처받지 않고, 담대할 수 있는 사람은 드물다. 억울함과 분노가 올라와 똑같이 복수해주고 싶은 마음이 굴뚝같을 거다. 하지만 이들과 맞서 싸우는 것으로는 좋은 결과를 기대할 수 없다. 그렇다고 계속 당할 수도 없다. 그러니 이들과는 다른 방법을 쓸 수 있어야 한다.

최선의 전략은 무반응하는 것

자기애가 강한 사람들이 기저에 가지고 있는 감정은 '공허감'이다. 겉보기엔 아주 커다랗지만 속은 텅 빈 공갈빵을 떠올리면 된다. 텅 빈 이들의 진짜 속마음은 두 가지 정도로 짐작해볼 수 있다.

첫째, 어린 시절 과잉보호가 만들어낸 지나친 웅대성 뒤에, 완벽하지 않은 현실의 자기가 있다는 것을 인식한 후 갖게 되는 허무감이다. 자기가 초능력을 가진 슈퍼히어로인 줄 알았는데 사실은 특수 효과였던 게 들통 나면 어떨까? 굉장히 민망하고 창피할 것이다. 그래서 안절부절 못하며 불안에 떨고 있는 자신을 한심하고 수치스럽게 느끼는 것이다.

둘째, 방임과 학대 속에서 결핍과 좌절의 경험을 반복했지만 포기하지 않고 꿋꿋하게 살아왔다면 자신이 어떻게 느껴질까? 당연히 그 누구보다 불쌍하고 안쓰럽게 느껴질 것이다. 그러니 애달픈 자신이 더 이상 고생하지 않아야 한다는 강한 의지가 성공에 대한 집착을 만들었을 수 있다.

정리하자면 이들은 열등함으로 손상된 자신의 웅대한 자기상을 회복하고 싶어 한다. 상처를 들키면 자존심이 상하니, 사나운 맹수가 되어 남을 공격하고 착취하는 것으로 자기를 방어하는 방법을 써서 버티고 있는 것이다.

자기밖에 모르는 자아도취 사람과의 싸움에서 이기는 방법은 무반응하는 것이다. 이것이 무엇을 얘기해도 답이 될 수 없도록 세팅해놓은 그들에게 휘둘리지 않는 방법이다. 우리는 흔히 상처 치유를 위해 나와 상대방을 이해하려고 노력한다. 하지만 간혹 이해보다는 피상적 관계의 거리를 유지하는 것이 더 이상 상처받지 않는 치유법이 될 때도 있다.

특권 의식에 빠진 나르시시스트의 감정 쓰레기통이 되지 않으려면, 다음 주의사항을 기억하자. 그리고 나의 고통스러운 상황을 인정하고 내가 해야 하는 일에만 집중하는 것이 가장 효과적이다.

✦ 지나친 공감이나 연민으로 그들의 요구를 모두 들어 줄 필요는 없다.

✦ 상대가 하는 비난이나 감정싸움에 휘말리지 않아야 한다.

✦ 당한 만큼 되돌려주겠다는 복수의 마음도 갖지 않는 게 좋다.

✦ 나와 상대를 분리해서 볼 수 있어야 한다.

팀장은 자꾸 회사 안에서 은지의 평판에 흠집을 내고, 관계를 단절시키려 애쓰고 있었다. 이 말을 반대로 생각해보면, 팀장은 회사 내 평판과 타인으로부터 인정받는 것이 중요한 사람임을 의미한다. 이것을 역으로 이용해보는 것이다. 은지가 객관적인 업무 성과 결과가 좋고, 주변 동료들과 좋은 관계를 유지하고 있다면 팀장도 더 이상 어떻게 할 수는 없을 것이다. 이런 사람을 잘못 건드렸다가는 자신의 이미지에 오히려 손상을 입힐 수 있다는 것을 알고 있을 터이다. 그러니 잠깐은 억울하고 분할 수 있지만 동요되지 않을 수만 있다면 11년의 세월이 은지를 배신할 일은 없을 것이다.

가장 상처를 주는 사람이 엄마라니

나르시시즘의 부모와 함께 산다는 것은

앞서 지독한 자기애에 빠져 타인을 짓누르고 상처 주는 직장 상사에 대해 이야기했는데, 만약 그런 사람이 부모라면 어떻게 해야 할까. 거기에 이 자기애가 무력한 아이에 대한 신체적 또는 정신적 학대로 이어진다면 어떻게 해야 할까.

20대 후반의 수연과 상담을 하며, 나는 그녀가 40~50

대 중년의 마음 나이를 가진 사람처럼 지쳐있다는 것을 느낄 수 있었다. 그녀는 어머니를 피해 월 30만원의 고시원에서 생활하고 있다고 했다.

수연의 어머니는 스무 살에 결혼을 했다. 정확히는 수연을 임신하면서 서둘러 결혼을 했다. 어머니는 부모의 이혼 후 열한 살 때 보육원에 맡겨졌다. 그래서인지 어머니는 가난을 증오했고, 사람을 깊이 신뢰하지 않았다. 무엇보다 성공에 대한 열망이 강렬했고, 남들에게 무시당하는 것을 죽기보다 싫어했다. 늘 사람들 사이에서 주인공이 되어야 했고, 이야기의 반은 자기 자랑이었다. 어머니는 수연이 자라는 동안 끊임없이 "너만 안 태어났으면 내가 이렇게 살지는 않았을 거야. 재수 없는 년. 아주 내 인생을 송두리째 짓밟은 뻔뻔한 년!"이라 욕했다. 수연의 아버지는 일의 특성상 출장이 잦았는데, 아버지가 집에 오는 날이 그나마 수연이 편하게 숨을 쉴 수 있는 날의 전부였다. 아버지가 없는 집은 그야말로 어머니의 왕국이었다.

수연의 첫 기억은 세 살 때 방문을 걸어 잠근 채 옷걸이나 손에 잡히는 것이면 뭐든지 잡고 그녀를 사정없이 때리는 어머니였다. 다 때린 후 겁에 질려 울고 있는 딸에게 어머니가 건넨 말은 "아빠가 와서 왜 이런 거냐고 물으면 혼자서 넘어졌다고 해. 알았어?"였다. 수연은 어머니에게 또 맞는 것이 무서웠기에 그저 어머니가 시키는 대로 움직이는 꼭두각시가 되어야 했다. 다행인지 아닌지 고통스러운 상황에서도 수연의 성적은 늘 상위권을 유지했다. 유일하게 어머니가 남들 앞에서 그녀를 인정하는 건 바로 공부뿐이었으니까. 하지만 안타깝게도 어머니가 원했던 명문대 입학에는 실패했다. 수연은 원하는 대학에 갈 수 없어 느끼는 좌절과 우울함보다는 어머니에게 어떤 식의 보복을 당할지 모르는 공포에 사로잡혀 제대로 잠을 잘 수도 음식을 먹을 수도 없었다. 성인이 되었지만 수연은 여전히 신체적, 정서적 학대를 감당하며 어머니의 손바닥 위에서 살아야 했다. 그러던 어느 날 문득 작지만 내 몸 하나 누울 공간이면 충분히 행복할 것 같다는 생각이 들었고, 어머니가 외출한 틈을 타, 배낭에 옷 몇 개를 주워 담고 고시원으로 탈출을 감행했다.

곧바로 전화를 걸어온 엄마는 "나쁜 년, 네가 나 없이 뭘 할 수 있는데? 엄마는 너를 위해 평생을 고생했는데 어떻게 부모를 버릴 수 있지? 네가 나 없이 혼자서 잘 살 수 있을 거 같아? 내가 두고 볼 거야."라며 폭언을 멈추지 않았다.

심리적 독립을 한다는 건 상처를 극복하는 것

'Somewhere over the rainbow Way up high.'

첫 소절만 들어도 누구나 아는 이 노래는 영화『오즈의 마법사』의 주제곡「오버 더 레인보우over the rainbow」다. 우리들을 신비하면서 낭만적인 미지의 세계 오즈로 안내했던 영화의 주인공 도로시는 모두에게 엄청난 사랑을 받았다. 영화가 처음 제작된 게 1939년이니 80년이 된 옛날 영화다. 그런데도 지금까지 회자되고 있으니 얼마나 큰 인기를 누렸을지 알 수 있는 대목이지 싶다. 당시 도로시 역할을 했던 주디 갈랜드는 모두의 사랑을 받았지만, 그녀의 실제 삶은 영화처럼 행복하지 못했다. 그것은 바로 학대자 어머니를 뒀기 때문이다. 주디 갈랜드는 세 살 때부터 연예계 생활을 시작했는데 그녀의 어머니는 배우가 되고 싶었던 자신의 꿈을 딸에게 투영했다. 많은 스케줄 소화와 다이어트를 위해 어린 딸에게 마약 성분의 암페타민과 수면제를 매일 같이 먹였고, 성접대까지 종용했다. 딸을 독립된 인격으로 존중하기는커녕 자신의 소유물로 여겨 마음대로 짓밟아놓고, 자신의 사리사욕을 채우기 위한 도구로밖에 취급하지 않았던 것이다. 어린 시절부터 이어져온 학대는 주디 갈랜드의 심리 발달에 너무나 큰 영향을 끼쳤고, 그녀는 결혼과 이혼을 반복하며 약물과 알콜 중독으로 평생을 시달리다 47세의 젊은 나이에 생을 마감해야 했다.

무엇이 당대 최고의 스타 자리에 올라 누구도 경험해 보지 못한 엄청난 사랑을 받았던 그녀를 비극으로 몰고 갔을까? 『오즈의 마법사』에는 '내가 누구를 얼마나 사랑하는지보다 얼마나 사랑받고 있는지가 더 중요해요'라는 대사가 나온다. 그런데 이것을 '내가 얼마나 사랑받고 있는지보다 내가 나를 얼마나 사랑하는지가 더 중요해요'로 바꿀 수 있게 된다면 어떨까? 아마 주디 갈랜드의 인생에도 마법이 펼쳐졌을지 모른다. 수연과 주디 갈랜드에 있어서 심리적 독립을 한다는 것은 상처를 극복한다는 것을 의미했다.

자기밖에 모르는 부모에게 종속된 아이

심리 상담을 하며 놀라는 것 중 하나는 겉으로 보기에 행복해 보이고, 사회적으로 안정적인 자리에 있는 사람들 중에도, 부모의 방임과 학대 속에서 고통스러운 성장기를 보낸 사람이 많다는 것이다. 그중 가장 안타까운 사람들은 나르시시스트 부모 아래 자란 이들이다.

나르시시스트 부모는 방임과 학대를 반복한다. 여기서 말하는 학대는 신체적, 정신적 학대를 모두 포함하며, 꼭 수연의 어머니처럼 물리적 폭력을 행사하지 않더라도 자녀를 자신의 뜻대로 조종하거나 강요하며 '소유물'로 여기는 말과 행동을 의미한다.

이런 부모는 공감 능력이 떨어지기 때문에 자녀가 무엇을 원하는지, 어떤 생각을 하는지 물어보거나, 궁금해하지 않는다. 자녀가 자기만의 독립된 생각과 의견을 갖는 것은 불필요하다고 가르치고, 그저 부모가 생각하고 시키는 것이 정답이라고 말해줄 뿐이다. 그러니 자녀는 특별히 자신이 느끼는 감정이나 생각, 자기 삶에 대한 기대와 꿈을 갖지 못한다. 굉장히 의존적이며 복종적인 사람으로 성장할 수밖에 없다. 주변 사람들은 하루라도 빨리 나르시시스트 부모의 소굴로부터 탈출하라고 말해주지만, 아이러니하게도 수연과 비슷한 입장에 처한 자녀들은 부모를 쉽게 떠날 생각을 하지 못하는 '코디펜던트Codependent(종속적 관계)'가 되어있는 경우가 많다.

지극히 자기밖에 모르는 부모 밑에서 복종하며 살아왔기 때문에, 자녀들은 타인의 눈치를 살피고 모든 것을 타인에게 맞추려는 의존적 성향을 짙게 갖고 있는 것이 특징이다. 자신의 감정을 숨기고 억제하는 것에 너무나 익숙하다. 고통을 느끼는 역치점도 높을 수밖에 없다. 이들은 죽을 정도로 맞은 게 아니라면 작은 멍 자국 정도의 폭력은 학대라 생각하지도 못한다. 느끼는 감정과 생각마저도 부모가 대신 선택해줬었기에, 진짜 자신이 느끼는 것을 알아차리는 것에 죄책감을 느끼며 두려워한다. 그 까닭에 나르시시스트 부모의 자녀들은 다른 인간관계 특히, 연인 관계에 있어서 자신과 부모의 관계처럼 자신의 경계를 넘어와 조종하려는 사람에게 쉽게 끌리고 빠져들어 다시 또, 주종 관계의 늪에 빠지는 경우가 많다.

보통은 상처를 입으면 그것이 아프다고 울부짖지만, 나르시시스트 부모의 자녀들은 크게 소리 내서 울어볼 엄두조차 내지 못하고 있으니 안타까움이 크다.

'지금-여기'의 나를 알아차리는 연습

수연의 심리적 독립은 물리적 독립을 통해 반은 달성되었지만, 아직 반은 미완의 수준에 머물러 있다고 할 수 있다. 코디펜던트의 의존적 기질을 가지고 있던 그녀는 어떡해서든 어머니를 연민으로 바라보려 애썼겠지만, 그녀와 어머니를 위해 가장 필요한 것은 공감과 연민의 반응보다는 모호한 경계를 정확히 분리하는 것이다.

나르시시스트 부모의 자녀들은 성장하는 동안 스스로 선택하고 결정한 게 거의 없다. 감정과 생각, 행동 하나하나를 부모가 정해준 대로 따랐을 거다. 그러니 독립만은 반드시 스스로 선택하고 결정할 수 있어야 한다.

이를 위해 선행되어야 할 것은 내가 느끼는 감정이 무엇인지 '지금-여기'에서 느껴보는 일이다. 내가 어느 때 즐겁고 행복한지, 어떤 상황과 환경에서 불편하고 화가 나는지, '슬픔, 분노, 무서움, 행복, 수치심'의 다양한 감정들을 모두 느끼고 표현해보는 것이다. 구체적인 기간 안에 해보고 싶은 버킷리스트를 작성해보는 것도 도움이 된다. 한마디로 타인이 아닌 나를 이해하는 시간을 가지라는 말이다.

나를 이해하고 통찰력을 높일 수 있는 좋은 방법으로, 문학 작품 읽기를 추천한다. 작품 속 주인공의 삶에서 자신의 삶과 관련된 주제를 발견하여 재경험 해보는 것이다. 실제로 게슈탈트 심리 치료에서 자주 쓰이는 방법인데, 이 심리 치료에서는 겉으로 확인할 수 없는 내면세계를 이해하기 위해 문학 기법을 활용한다. 작품을 통해 자신의 삶과 관련된 주제를 발견하거나 삶의 근본적인 문제에 대해 깊이 생각해볼 수 있기 때문이다. 다음 추천하는 작품들을 읽으며, 사건 속에서 나와 타인이 느끼는 심리 상태를 경험해보길 바란다.

자기성찰과 삶의 통찰력을 높이고 싶을 때 읽으면 좋을 문학 작품

- 『이반일리치의 죽음』, 톨스토이
- 『반쪼가리 자작 & 나무 위의 남작 & 존재하지 않는 기사』, 이탈로 칼비노
- 『노인과 바다』, 헤르만 헤세
- 『체호프 단편선』, 안톤 체호프

부모와 자녀 관계에 도움받고 싶을 때 읽어보면 좋을 문학 작품

- 『소망 없는 불행』, 페터 한트케
- 『자기 앞의 생』, 에밀 아자르
- 『돼지가 한 마리도 죽지 않던 날』, 로버트 뉴턴 펙
- 『수레바퀴 아래서』, 헤르만 헤세

나와 타인의 관계에서 정리되지 않는 감정들을 이해하고 싶을 때 읽으면 좋을 문학 작품

- 『나의 미카엘』, 아모스 오즈
- 『우주 만화』, 이탈로 칼비노
- 『아무도 아닌 동시에 십만 명인 어떤 사람』, 피란델로
- 『비트겐슈타인의 조카』, 토마스 베른하르트

작품을 읽어보는 것과 더불어 나의 감정이나 욕구, 지각, 전형적인 사고나 행동 패턴을 탐색할 수 있는 질문

을 찾아 스스로에게 던져보는 것도 좋다. 예를 들어 아래 소개한 질문들은 자신이 삶을 어떻게 받아들이고 있는지를 돌아보게 만들고, 동시에 내 삶을 사랑하는 방법이 무엇인지를 깨닫게 해준다.

다시 태어날 수 있다면?

+ 어떤 부모를 만나고 싶은가요?
+ 어떤 운명을 가지고 태어나고 싶은가요? (가지고 싶은 능력)
+ 어떤 삶을 살고 싶은가요?
+ 이러한 삶은 지금까지의 삶과 어떻게 다른가요?
+ 지금 삶에서 그렇게 살 수 있는 방법은 무엇이 있나요?

감정의 기억을 바꿔보기로 했다

타고난 기질과 바뀌는 성격

어떤 사람들은 기질적으로 불안하다. 기질 검사를 했을 때 타고난 '위험 회피도'나 '정서적 민감성'이 높은 사람들이 여기에 속한다. 알려진 바에 의하면 타고난 기질은 바뀌지 않는다. 불안하게 태어났으면 평생 불안하게 살라는 건데, 너무 비관하진 않아도 된다. 기질은 좋고, 나쁨이 있지 않다. 예를 들어 위험 회피도가 낮은 사람은 주식이나 부동산 투자에 열을 올리기 쉽다. 어느 때는 폭죽을 터뜨리고 어느 때에는 쓴 술잔을 기울이게 될 텐데, 위험 회피도가 높은 사람이 봤을 때는 무모한 투자처럼 느껴진다. 반면 위험 회피도가 높은 사람은 무언가 하고 싶은 것에 도전하기까지 긴 시간이 걸린다. 이들에게 중요한 것은 실수와 손해를 보지 않는 것이기에 모든 상황을 고려해야지만 마음이 놓인다. 위험 회피도가 낮은 사람이 봤을 때는 답답한 상황이 아닐 수 없다. 이처럼 기질은 상황에 따라 장점으로 보이기도, 단점으로 보이기도 한다. 어느 하나가 더 우수하고 더 좋은 것이라고 해석할 수가 없는 것이다. 자신이 타고난 기질을 상황과 상대를 고려해서 적절하게 사용할 수 있다면 열등감을 느낄 이유가 없다.

아이를 키워본 부모라면 알 것이다. 위험한 것을 보면 부모들은 아이에게 '들어가면 안 돼', '만지면 안 돼', '위험해'라고 가르친다. 하지만 부모의 말에 아랑곳하지 않고 이미 들어가서 만지고 있는 아이가 있다. 그런데 어떤 아이는 들어가 보라며 밀고 잡아당겨도 '싫어. 무서워'하며 안 들어간다. 이것이 타고난 기질이다. 그런데 이런 아이들도 부모나 주된 양육자가 어떻게 행동을 허용하고 통제했느냐에 따라 '행동 경향성'이 바뀌는 것으로 확인됐다.

심리학자 리처드 데이비드슨은 1985년에 태어난 70명의 아이들을 대상으로, 기질적으로 타고난 행동 억제 수준이 새로운 환경적 특성과 스트레스가 될만한 삶의 경험 등에 의해 얼마나 변화될 수 있는지에 대한 종단 연구를 실시한 바 있다. 데이비드슨은 아이들이 3세, 7세, 9세가 되는 해에 행동 억제 수준에 어떤 변화가 있는지 전두엽의 활성화를 통해 비교 분석했다. 놀랍게도 아이들의 행동 억제 수준은 자신과 반대 성향의 형제 또는 양육자와 시간을 자주 보냈거나, 부모의 이혼, 암(질병), 사망 사건들을 통해 변화되어 있었다. 타고난 기질은 바뀌지 않지만, 성격과 행동 경향성은 환경을 통해 바뀔 수 있다는 것이다.

부모로부터 받은 상처가 마음에 남아서

밤새 일어났던 사건, 사고 뉴스를 보며 우리는 '나만 아니면 돼', '내 아이(가족)만 아니면 돼'라는 다소 이기적인 생각을 할 때가 있다. 요즘 청소년들이 무섭다는 소리를 하면서도 '우리 아이는 아니겠지'라는 우려 섞인 희망을 갖기도 한다. 실제 부모 교육이나 상담을 통해 만나는 부모들 중에는 '저희 아이는 착한데 친구를 잘못 만나서'라거나 '집에서는 정말 착하고, 아무런 문제가 없는 아이거든요', '저희 부부는 바빠도 무조건 애부터 잘 챙겨요. 그런데 뭐가 불만인지 모르겠어요'라는 말로 문제의 중심을 보지 않고, 남 탓을 하며 회피하려는 모습을 보이곤 한다. 사실은 이렇게 말하는 자체가 부모로서의 역할에 자신이 없기 때문에 자책하는 마음에서 비롯된 방어적 행동인 경우가 많다.

사람은 태어나서 죽을 때까지 자녀, 학생, 직장인, 부모, 배우자, 시민, 여가인, 종교인 등 많은 역할을 수행한다. 이 역할 중 가장 어렵고 힘든 역할로 사람들은 모두 '부모'를 뽑는다. 그만큼 중요하기 때문이다. 특히, 성장기의 아이들에게 있어서 부모는 그 아이 인생의 명암을 결정짓는 핵심 인물이다. 내가 만났던 대부분의 사람들은 그들의 마음 깊은 상처의 뿌리로 부모를 떠올렸고, 특히 어린 나이에 부모에게 들었던 비난의 말은 십 수 년이 흘러서까지 짙은 멍이 되어 남아있었다.

학교 밖 프로그램에서 만난 열일곱 살 명수는 '억울하다'의 감정 카드를 뽑았다. 명수는 부모를 원망하고 있었다. 명수의 부모는 자주 다퉜고, 명수는 하루가 멀다 하고 서로를 비난하고 헐뜯는 부모를 보는 것이 괴로웠다. 더 이상 집에 있기가 싫었다. 고등학교 1학년 겨울방학 때 친구 3명과 가출을 했다. 부모의 싸우는 모습도 "바보 같은 새끼, 커서 뭐가 되려는 건지. 쯧쯧."이라며 비난하는 소리도 듣지 않으니 살 것 같았다. 친구들과 낮에는 PC방에서 게임을 하다 밤에는 공원에서 술판을 벌였다. 그렇게 3일쯤 되었을 때 집에서 가지고 나온 돈이 다 떨어졌다. 집에는 다시 들어가고 싶지 않았다. 처음엔 편의점에서 물건을 훔쳤다. 그러다 어린 학생들을 골목으로 데리고 가 돈을 빼앗았다. 명수는 후회하고 있었다. 그때 가출하지 않았다면 달랐을까? 그 친구들과 어울리지 않았다면? 이렇게 한참 생각에 꼬리를 물다가 그가 내린 결론은 자신에게 큰 관심을 보이지 않는 부모 때문이라는 거였다.

비행 행동을 하는 아이들에게서 공통되게 발견되는 점이 있다면 바로 부모의 부정적 양육 태도인데, 크게 두 가지를 살펴봐야 한다. 부모가 자녀에게 얼마나 관심이 있는지 없는지, 그리고 삶을 대하는 부모의 태도가 자녀로 하여금 존경과 신뢰받을 만한 권위를 가지고 있는지 없는지가 자녀의 비행 행동에 가장 큰 영향을 미친다. 만약 평소에 명수의 행동을 부모가 관심 있게 쳐다보고 있었다면 어땠을까? 그래도 명수는 물건을 훔쳤을까? 아마 간섭한다고 불평을 했을지는 몰라도 쉬이 질도를 하지는 못했을 것이다. 이렇다 보니 청소년, 아동의 문제는 거의 100% 가정 문제로 연결된다고 전문가들이 입을 모아 이야기하는 것이다.

회복 탄력성이 시작되는 곳

역경과 시련, 좌절에 대한 인식을 도약의 발판으로 삼아 더 높이 뛰어오르는 마음의 근력을 '회복 탄력성'이라 한다. 일반적으로 회복 탄력성이 높은 사람은 스트레스 대처 능력과 상처 회복이 빠르다. 회복 탄력성은 얼마나 긍정적인지와 공감과 지지 체계로 만들어진 대인 관계를 유지하고 있는지, 자신에게 닥친 문제를 해결하기 위해 감정과 충동을 통제할 수 있는 자기조절력이 있는지에 따라 달라진다.

우리에게 영화 『쥬라기 공원』의 촬영지로 잘 알려진 하와이의 카우아이 섬이 있다. 1950년대 이 섬에는 실업자와 알코올, 마약 중독자, 범죄자들이 많이 살고 있었다. 심리학자 에이미 워너는 한 사람이 어떻게 범죄화되어 가는지에 대한 궁금증을 가지고 이 위험 요소 가득한 섬에서 태어난 아이들 800명 중 가장 열악한 환경에 있는 201명을 따로 선별해 40년 동안 추적 조사를 했다. 그녀는 기질과 환경적으로 취약성을 가지고 있는 아이들일수록 범죄자 또는 사회부적응자가 될 가능성이 높을 거라는 가설을 세웠다. 그러나 201명 중 35%에 해당하는 72명에게서 그녀가 예상하지 못한 예외 상황이 발생했고, 연구의 방향은 학교나 사회에 모범적으로 적응하고 있는 그들에게 어떤 공통점이 있는지를 밝혀내는 것으로 바뀌었다. 72명에게서 나타난 공통점은 다음과 같았다.

* 첫째, 엄마가 사랑으로 양육하거나 타고난 기질이 사교적인 아이들
* 둘째, 자신을 격려하고 지지해줄 수 있는 정신적으로 안정적인 가족이 있는 아이들
* 셋째, 가족이 아니더라도 지역 내에 선생님, 친절한 이웃, 친한 친구 등 자신을 지지하고 아껴주는 사람이나 롤 모델이 있는 아이들

연구 결과는 이렇게 자신을 믿어주고 격려와 사랑으로 지지해준 사람이 최소 1명 이상 있는 경우, 예상을 뒤엎고 성공적인 삶을 살았음을 보여준다. 정서적 지지자의 존재가 그들의 상처를 회복시켰고, 인생의 길라잡이

가 되어준 것이다.

감정과 욕구를 알아차리는 연습

분노, 증오, 원망과 같은 격양된 감정일수록 그 감정에 머물러 이야기를 하다 보면 카타르시스를 느끼며 속이 후련해지는 경험을 할 수 있다. 또한 짙게 깔려있던 안개가 걷히며 주변이 선명하게 보이듯, 감정에 파묻혀 보이지 않았던 전체의 상황들이 보이기도 한다. 이 타이밍이 바로 상처를 극복하거나 상처로부터 치유될 수 있는 순간이라고 나는 말한다. 솔직히 과거, 현재, 미래를 마음대로 왔다 갔다 할 수 있는 타임 슬립 능력을 가지고 있지 않는 한, 나에게 상처가 되었던 과거의 사건 자체를 바꿀 수는 없다. 하지만 마음속에 찌꺼기처럼 가지고 있는 내 기억 속 기분 나쁜 감정들은 분명 바꿀 수 있다.

명수의 가출은 학교 선생님에게 들키면서 끝이 났다. 명수의 기억 속에는 그날 급히 학교에 불려온 엄마가 죄인처럼 선생님께 연신 머리를 조아리는 모습이 있었다. 학교에서 크고 작은 사건이 있을 때마다 엄마가 불려왔고 머리를 숙였다. 나는 잠시 그 장면에 머물러 당시 엄마가 느꼈을 감정을 짐작해보도록 했다. 이번에는 명수가 감정 카드에서 '후회, 미안함, 걱정, 화'를 뽑았다. 명수는 작은 소리로 "엄마도 힘들었을 거예요. 제가 문제를 많이 일으켰거든요." 나는 명수가 무관심 속에 버려졌다고 생각했던 장면마다 엄마가 등장하는 것을 말해줬다. 명수는 큰 숨을 몰아쉬었다. 부모가 자신에게 아무런 관심이 없다고 생각했는데 늘 엄마가 옆에 있었다는 사실이 못 미더운지 다소 놀라는 분위기였다.

사람들은 자신이 느끼는 감정이 진짜 속마음이라고 생각한다. 특히, 감정의 뇌(편도체)가 이성의 뇌(전두엽)보다 활성화되어 있는 청소년의 경우, 그 믿음의 정도가 훨씬 강하다. 물론 감정이 내 생각과 무의식의 욕구와 기대를 반영하는 경우도 있다. 하지만 반대로 그렇지 못하고 내면의 진짜 욕구를 가로막는 경우도 있다.

명수는 비행 행동으로 센척하며 부모를 실망시키고 싶었지만 실제 원했던 것은 부모의 관심과 지지였다. 우리의 내면도 마찬가지다. 서로 다른 두 개의 욕구가 공존하게 되면, 무엇이 진짜인지 몰라 고통스러워질 수밖에 없다. 그리고 그 고통을 우리는 화, 분노라는 다소 엉뚱한 감정으로 표출해버린다. 그러니 상처의 진짜 뿌리를 만나고 싶다면 감정 밑에 숨은 욕구를 알아차리는 것에 집중할 수 있어야만 한다. 평소 상황마다 내가 느끼는 감정과 욕구를 찾는 연습을 꾸준히 해두면 스트레스 극복과 타인과의 갈등 해결에 도움이 된다.

예를 들어 주말 저녁 애인과 데이트 약속이 있다. 그런데 애인이 급한 일이 생겼다며 당일에 약속을 취소했다. 일반적으로 '속상함'의 감정을 느끼고, 좌절된 욕구는 '즐거움'일 것이다. 하지만 어떤 사람은 '화'의 감정을 느끼고, 좌절된 욕구로 '자기존중'을 뽑을 수도 있다. 같은 상황이지만 내가 그것을 통해 충족시키고자 했던 욕구가 무엇인지에 따라 감정도 달라지기 때문이다. 데이트를 통해 즐거운 시간을 보내는 것이 욕구였던 사람은 다른 즐거움을 찾거나 다음 데이트를 기다릴 수도 있다. 하지만 애인과의 관계에서 서로를 존중해주는 것을 중요한 욕구로 가지고 있는 사람은 애인이 당일에 약속 취소한 것에 실망한 나머지 분노했을 수도 있다.

이처럼 충족되거나 충족되지 못한 욕구는 감정을 유발시키고 그것은 우리로 하여금 어떤 상황에 적응적 혹은 부적응적 행동을 하게끔 요구하기도 한다. 그러니 감정에 휘둘려 충동적으로 행동하지 않으려면, 평소 다음 제시하는 감정과 욕구표를 가지고 알아차림 연습을 해두는 것이 좋다.

감정 알아차림

욕구가 충족 되었을 때	욕구가 충족되지 않았을 때			
행복	슬픔	분노	두려움	부끄러움
흥분되는	비참함	증오 스러운	공포	후회 스러운
짜릿함	비통함	절망 스러운	끔찍함	망신 스러운
황홀	애통함	울화가 치미는	섬뜩한	수치심
희열	비루한	열받는	오싹한	모멸감
감동받은	낙담한	억울한	겁나는	죄스러움
신나는	혼란	허탈	무서움	미안함
기쁘다	후회	짜증	불안함	비굴함
상기됨	울적함	답답함	막막한	주눅 든
흐뭇함	외로움	불쾌함	초조한	낯 뜨거움
즐거움	쓸쓸함	속상한	진땀나는	곤혹 스러운
흡족함	그리움	떨리는	걱정	불편함
만족함	서운함	심란한	염려되는	겸연쩍은
느긋함	기운 없는	불편함	놀란	창피함
편안함	안타까움	약 오르는	긴장되는	당황스 러운

욕구 알아차림

감사	인정, 칭찬
용서, 수용	탁월, 숙련
자기조절	명예
친절	소통
유머	열정, 도전
신뢰	긍정성
책임감	창의성
소속감	자기표현
휴식	호기심
근면, 성실	자율성
용기	성취, 성장
정의로움	애정 표현
예측 가능성	협력, 협동
리더십	목적의식
유연함	열린 마음
헌신, 희생	충성심
일관성	배움, 학구열
신체 자유	기여, 봉사
사랑	자기존중
친밀감	평화, 평온
진실함	청결, 정돈
배려, 겸손	격려, 위로
신중함	

Part

03

혼자서

꾹꾹 눌러 담은 마음에게

혹시나 남들 눈에 이상해 보일까 봐

완벽주의 성향이 만들어내는 상처

인간은 관계 안에서 서로 의지하며 살아가도록 태어났다. 그러기에 타인에게 받는 인정과 칭찬은 언제나 달콤하다. 당연히 타인에게 인정받지 못하는 상황은 실망스러우며 때론 커다란 좌절감을 느끼게도 만든다. 그렇다고 삶의 모든 가치 기준을 타인으로부터 인정받느냐, 못 받느냐에 두고 있다면, 이는 불행을 선택한 것과 다르지 않다.

　내 아이는 그림 그리는 걸 좋아하는데, 고슴도치 엄마가 보기에 실력이 제법이다. 아이의 흥미를 유지할 수 있는 좋은 취미가 생겨 기쁜 마음도 있었다. 그런데 장난감을 가지고 놀이를 하듯 그림을 즐기던 아이가 언제부터인지 다른 친구들 그림과 자신의 그림을 비교한다거나, 학원에서 선생님이 주는 피드백 하나하나에 매우 예민하게 반응하며 속상해하고 있다는 것이 느껴졌다. 우리 부부가 바란 것은 완벽하게 대단한 그림을 그리는 것이 아니었는데, 아이는 자신의 그림에 엄격한 잣대를 꺼내들어 평가하고 스스로 실망하고 있었다. 물론 그림을 더 잘 그리고 싶어서 욕심내는 모습은 열한 살 아이의 발달 과정상 지극히 정상적인 행동이다. 그러나 지나친 완벽을 추구하고 있다면 얘기는 달라질 수 있다. 완벽주의는 마음의 병을 만드는 열등감과 수치심으로 작용할 수 있기 때문이다.

　완벽주의 성향을 가진 사람들은 뭐든 완벽하게 해내야 하는데, 조금이라도 부족함을 느끼게 되면 자신은 유능하지 못하다는 부정적 신념을 갖게 되고, 그것이 나의 내면을 공격하는 상처로 남게 된다. 수치심은 언제든지 내 상처의 가해자가 될 수 있는 것이다.

내가 꿈꾸는 나와 현실의 나 사이에서

우리 모두는 의도치 않게 참 많은 기준의 잣대들로부터 평가받으며 살고 있다. 세상은 내가 원하든 원치 않든 여러 잣대를 가지고 내가 괜찮은 사람인지 아닌지를 측정하려 들고, 기준에서 벗어난 나는 말하지 못할 비밀을 간직할 때처럼 불안한 수치심을 견뎌내야 할지도 모른다.

나의 부모님은 농사를 지으셨다. 두 분의 직업은 내가 성인이 될 때까지 농부셨다. 윤봉길 의사가 말한 것처럼 농업을 아직도 생명 창고라고 생각하는 사람이 몇 명이나 될까? 이 시대를 살고 있는 많은 사람들은 농업을 직업으로 치지 않는다. 못 배운 사람들이 하는 일, 특별한 기술 없이도 할 수 있는 하찮은 일로 업신여기곤 한다. 청소년기의 나 역시 부모님의 직업을 자랑스럽게 여기지 못했다.

학창 시절 내 키 번호는 10번을 넘기지 못했다. 키가 큰 친구들이 부러웠고, 부러운 만큼 내 스스로가 못마땅하게 느껴졌다. 뚱뚱한 체형 때문에 놀림받는 친구와 서로 네가 더 낫다며 푸념하곤 했다.

가난은 나에게서 많은 것을 빼앗았다. 가난은 부끄러

운 게 아니라고 하지만, 가난은 나에게 인생의 기회들을 모두 허락하지도 않았다. 아직까지도 부유한 삶과는 거리가 먼 삶을 살고 있어서인지, 요즘도 나는 부를 상징하는 장소에 가면 이질감을 느낀다.

나는 지방대를 졸업했다. 서울에서 직장 생활을 하며 지방대를 지잡대(지방에 소재하는 잡스러운 대학)라 말하는 사람들을 자주 볼 수 있었다. 업무 능력에 아무런 차이가 없는데 지방대 출신이라는 이유로 승진에 미끄러지는 사람도 여럿 봤다. "어느 대학 나왔어요?"라는 질문에 나도 모르게 움찔할 때가 많았다.

나는 콜 센터에서 상담사와 슈퍼바이저로 5년을 근무했었다. 사람을 좋아했고, 사람들의 고충을 해결해주는 업무가 내겐 매력적으로 느껴졌기에, 자발적으로 선택했던 직업이다. 하지만 외부에서 바라보는 내 직업은 아무나 할 수 있는 일이었고 높게 평가받지 못했다. 속상한 마음만큼 일에 대한 자부심도 작아질 수밖에 없었다.

사는 집, 동네, 타는 차, 먹는 음식, 입는 옷, 손에 든 가방…. 때로는 이런 것들이 마음의 자유를 빼앗아가는 약탈자가 되어 내 영혼을 갉아먹고 있다는 것을 우리는 잘 알고 있다. 내가 생각하는 준거 집단과 현실의 내가 가지는 신체적, 경제적, 사회적 차이는 나를 '수치심'에 빠지게 만들고, 어떻게든 소외되고 싶지 않은 나는 아등바등 애쓰며 살게 되는 것이다. 그럼에도 불구하고 예전의 내가 그랬듯, 누군가는 '완벽'이라는 포장지를 방패삼아 버텨보려 할지도 모르겠다. 수치심에 중독된 것도 모른 채, 그것이 내적 상처로 남는 것도 모른 채 말이다.

나를 발견하는 이본쓰기 연습

정서 심리학에서는 다른 사람의 눈에 못나 보이거나 열등해보일 것 같은 느낌을 포함한 두려움을 '수치심'이라 하고, 이것이 남들에게 들통나버릴까 전전긍긍 하는 것을 '수치심 불안'이라 한다.

사실 누구에게나 두려움이나 수치심은 좋은 감정이 될 수 없다. 굳이 경험할 필요가 없는 감정들인 거다. 그러니 이 몹쓸 감정으로부터 자유롭고 싶다면 내게 수치심 불안을 일으키는 것들이 무엇인지 알아차리는 것이 먼저다. 그것은 내가 가진 것들 중 다른 사람에게 크게 인정받지 못하고, 오히려 부정적인 평가를 받는 것들이다. 스스로 부족하다고 느끼며 자랑꺼리라 생각하지 않는 것들이다. 작게는 내가 소유하고 있는 물건부터, 크게는 나의 존재를 대변하는 인생의 이슈에 이르기까지 광범위하다.

부자가 아닌 데 부자인 척하고, 전문가가 아닌데 전문가인 척했다거나, 가본 적이 없는데 가본 사람처럼 말을 하는 것들이 그렇다. 이것은 타인을 속이는 떳떳하지 못한 일이며, 타인은 모르는 나만 느끼는 부끄러운 감정이다. 그래서 사람들은 정체를 들키지 않기 위해 더 큰 거짓말로 문제를 키우거나, 오히려 더 완벽해지는 쪽을 택한다. 거짓말을 키워 죄를 짓는 것보다는 좋은 방법임에 틀림없지만, 완벽은 결코 불안을 덜어내기에 가장 효과적인 방법이 될 수 없다. 그런데 불행하게도 나는 이 어려운 문제 앞에서 완벽의 길을 택했었다.

나는 쉬는 날을 반납했다. 가족과 시간을 보내거나, 늦잠을 자고, 친구를 만난다는 것은 그저 사치라고 생각했다. 그렇게 갖지 못했던 것들을 손에 쥐기 위해 욕심을 냈다. 그런데 어찌된 일인지 밑 빠진 독에 물 붓기처럼 아무리 애를 써도 완벽해지지는 못했다. 나는 항상 바삐 움직였지만 도무지 채워지지가 않았다. 나는 내가 완벽해지면 나를 괴롭혔던 수치심의 계단에서 내려올 수 있을 거라 생각했다. 하지만 한 계단만 더 오르면 끝이 보일 것 같던 계단의 끝은 절대 보이지 않았다. 결국 몸이 먼저 말썽이 부렸다. 혈액 검사에서 이상 증후가 발견되었고, 그 순간 나는 이렇게 계단만 오르다가 내 인생이 끝날 것 같은 공포감에 휩싸였다. 그제야 잠시 멈출 수 있었다.

그때 나에게 도움이 되었던 것이 '이본(異本)쓰기'다. 이본쓰기란 문학을 활용한 상담 치료에서 사용되는 방법 중 하나로, 시의 형태는 그대로 둔 채 내용의 일부를 나의 언어로 바꿔 써보는 걸 말한다. 이를 통해 생각해본 적이 없었던 나의 감정, 생각, 욕구들에 대해 사유할 수 있고, 때로는 드러내고 싶지 않았던 내면의 상처를 만나며 스스로를 위로하고 토닥여보는 시간을 가질 수도 있다. 게다가 유명 작가의 시를 활용하기 때문에, 일단 어떻게 바꿔 써도 완성도 높은 시가 되니 기분도 덩달아 좋아진다. 마치 시 한편을 완성한 것 같은 느낌마저 들어서 자기존중감을 향상시키는 데에도 좋다. 사실 이본쓰기를 위해서는 어떤 시를 골라도 상관없지만, 나는 가급적 매우 잘 써진 유명 작가의 시를 고르라고 말해주고 싶다. 이본쓰기에서 내가 가장 많이 인용하는 시는 1996년 노벨 문학상을 수상한 폴란드의 시인 '비스와바 쉼보르스카'의 작품들이다. 「선택의 가능성」, 「작은 별 아래서」, 「십대 소녀」 정도가 떠오른다. 또 칼 프롤로브의 「너무 오랜 동안-프리츠 우징거에게」라든가 서정주의 「신발」도 좋을 것이다.

나는 쉼보르스카의「선택의 가능성」으로 이본쓰기를 하면서, 그동안 몰랐던 나를 발견할 수 있었다. 나는 스스로 열정적으로 무언가에 도전하는 것을 좋아하는 사람이라고 생각했는데, 사실은 무언가를 직접 하기보다는 누군가의 도전을 지켜보기를 더 좋아했다. 또 앞으로 가기보다는 멈추기를 더 좋아했고, 빠름보다는 느림을 추구하는, 그야말로 시대를 거꾸로 사는 아날로그적인 사람이라는 것을 깨달을 수 있었다. 아래는 비스와바 쉼보르스카의「선택의 가능성」을 내 방식대로 이본쓰기한 시의 일부를 옮겨놓은 것이다.

선택의 가능성 (손정연, 이본쓰기)
아메리카노를 더 좋아한다.
신록의 계절을 더 좋아한다.
햇살 마주하기를 더 좋아한다.
비올라와 첼로가 만들어주는 몸의 찌릿한 반응을 더 좋아한다.
카페 창가에 앉아 은빛 강물의 흘러감을 지켜보기를 더 좋아한다.
혼자 외곽 도로를 운전하며 듣는 음악을 더 좋아한다.
비 맞으며 걷기보다 비 내리는 풍경을 한없이 감상하기를 더 좋아한다.

키스보다 담백한 뽀뽀를 더 좋아한다.

잘 구성된 다이어리가 아닌 책상 위 달력의 여백에 일정 적기를 더 좋아한다.

미야자키 하야오가 표현하는 색깔의 세상을 더 좋아한다.

종이 통장보다는 동물 모양 저금통에 동전 모으기를 더 좋아한다.

만남에 있어 계산 없는 사람을 더 좋아한다.

높은 산을 오르기보다 숲길을 일정한 속도로 걷는 것을 더 좋아한다.

보이는 대로 믿기보다 가려진 진실 발견하기를 멈추지 않는 사람을 더 좋아한다.

바쁘게 움직일 때 느껴지는 역동의 에너지보다 멈춤을 통해 채워지는 고요의 힘을 더 좋아한다.

이 시를 이본쓰기 한 후, 나는 일상에서 '~를 더 좋아한다'가 뇌리에서 떠나질 않았다. 그렇게 하나씩 다시 내 선택의 가능성을 정리할 수 있었다. 너무도 단순한 '좋아한다'는 선택의 정의를 통해 '나'를 아무런 꾸밈없이 만날 수 있었던 것이다.

너무도 놀라운 경험이었기에, 나는 종종 "선생님, 제가 무엇을 좋아하는지, 어떤 사람인지 모르겠어요."라며 고민하는 내담자에게 이본쓰기를 추천한다. 혹시 혼자서 이본쓰기에 도전해보고 싶다면 다음 순서대로 작업을 해보면 된다.

먼저 앞서 추천한 시 또는 평소 자신이 좋아하는 시 중에서 하나를 고른다. 그 다음, 그 시의 일부를 나의 언어로 바꿔 쓴다. 이본쓰기가 끝나면 완성된 시를 읽어보고, 나를 평소에 잘 알고 있다고 생각하는 사람에게 보여준다. 그 사람이 시를 통해 발견한 나의 모습에 대해 들어보도록 하고, 이본쓰기와 공유의 과정을 통해 새롭게 알아차리거나 깨달은 점이 무엇인지 이야기를 나눠보자.

나에게 상처를 주는 나를 버릴 것

대상관계 치료자 위니콧은 자기의 개념을 '참자기$^{true-self}$'와 '거짓자기$^{false-self}$'로 구분했다. 자신의 타고난 잠재력이 참자기라면 이것을 인정하지 않고 다른 사람들의 요구에만 초점을 맞춰 행동하는 것이 거짓자기다. 거짓자기는 '마치 ~인 양' 행동하는 나를 가리킨다. 수치심 불안으로 만들어진 상처로부터 회복되기 위해 필요한 것은 나의 참자기를 인정하는 것이다. 보통 사람들은 어떤 특별한 계기가 주어지지 않으면, 자신에 대해 꽤 잘 못된 자기인식을 가지고 살아간다. 나를 잘 알지 못하면, 삶에서 참자기는 배제한 채 거짓자기만으로 살아갈 수밖에 없다.

만약 지금까지 남들에 비해 부족해 보이고 기준 미달인 것 같은 열등한 나를 숨기고(수치심), 감추기 위해 마치 완벽한 사람인 양 행동하며 이것이 들킬까 봐(불안) 전전긍긍했다면, 지금껏 나는 내 상처의 가해자가 되어 살았던 것이다. 더 이상 상처입고 싶지 않다면 거짓자기를 내려놓는 훈련이 필요하다.

'내려놓음'은 마음속에 열등함으로 가득 채워진 짐을 가지고 살아가는 사람들에게 내려지는 처방 중 하나다. 그러나 결코 먹기 쉬운 약은 되지 못한다. 나는 숨이 턱 밑으로 차오를 때까지 쉼 없이 달린 후에야 비로소 내려놓음이 무엇인지 알 수 있었다. 내려놓음은 나답게 사는 것이며 욕심 내지 않는 것이다. 그런데 신기하게 배가 부르다. 마치 톨스토이의 소설 『이반일리치의 죽음』에서 이반일리치가 지독하게 찾으려 해도 찾지 못했던 인생의 중요한 정답을 죽음 직전 자신의 손을 잡고 엉엉 울어주던 아들의 눈물을 통해 찾았던 것처럼 말이다. 내가 경험한 내려놓음은 내가 누구인지 제대로 인식할 수 있을 때 비로소 가능한 것이었다. 우리의 삶은 출생, 성년, 결혼, 사망 등의 통과의례가 있다. 억지로 그 순서를 바꿀 수도 선택할 수도 없다. 무릎을 꿇은 상태에서도 무거운 짐지기를 멈추지 않았던 낙타의 정신이 사자로 변하고, 다시 아이가 되는 인간 정신의 3단계 변신처럼, 마음의 상처도 마찬가지다. 그러니 너무 '애쓰지 말자.'

자꾸만 부정적으로 생각하게 되는 이유

말로 입은 상처들

어떤 사람들은 정서적 학대에 대해 대수롭지 않게 생각한다. 신체적 폭력만 아니라면 괜찮다는 거다. 그런데 정서적 학대도 신체적 학대와 동일하게 커다란 상처를 남긴다. '바보', '멍청이', '정신병자', '미친 X'이라며 아무렇지 않게 욕을 하는 부모, 매사 다른 형제나 친구, 친척과 비교를 하는 부모, 작은 일에도 쉽게 흥분해서 화를 내며 고함치는 부모, 너무나 엄격해서 완벽을 추구하거나 자녀의 감정부터 행동까지 모든 것을 통제하려는 부모, 모두가 정서적 학대자이다.

"너는 도대체 제대로 할 줄 아는 게 뭐가 있니?", "그런 바보 같은 생각이나 하고 있고, 창피하지도 않니?", "그렇게 해서 성공할 수 있겠어?", "너처럼 답 없는 애는 처음 본다.", "너는 그냥 엄마가 시키는 대로만 해.", "너만 안 태어났어도 내 인생이 이렇게 꼬이진 않았어. 니 얼굴만 봐도 아주 징글징글하다." 역시 말로 맞은 매가 더 아프다.

어린 시절 이와 같은 정서적 학대를 반복적으로 경험할 경우, 우리는 자신을 결점투성이 쓸모없는 사람으로 인식할 가능성이 높다. 자기 심리학의 하인즈 코헛에 따르면 어린아이에게 부모는 마치 거울 같은 사람이다. 자녀가 자기에 대해 어떤 사람인지, 무엇을 잘하고 좋아하는지, 사랑받을 자격이 있는지 이해할 수 있도록, 부모는 적절한 반응을 통해 자녀에게 비춰줘야 하기 때문이다.

그런데 정서적 학대자인 부모는 자녀에게 결코 좋은 거울이 되어주지 못할 뿐더러, 오히려 일생동안 지속되는 심리적 결함을 남기게 된다. 이것이 굳어질 경우 관계를 망치는 부정적 신념으로 작용하고, 심한 경우 어떤 사람에게는 성격적 결함의 원인으로 작용하기도 한다. 그러니 대수롭지 않게 가버이 여겨서는 절대 안 되는 것이다.

사람들이 자꾸만 비난하는 것 같아서

인간관계에 어려움을 느끼고 있는 40대 후반의 용식은 다른 사람들의 눈을 쳐다보는 것이 너무 두렵다. 눈을 마주치면 뭔가 비난의 화살이 자신을 향해 사정없이 날아들 것 같아서다.

어린 시절부터 친하게 지냈던 고향 친구 몇몇을 제외하고 나면 퇴근 후나 주말 같은 때에 술 한 잔 함께할 사람이 없다. 그렇다고 그가 사람을 싫어하는 것은 아니다. 그는 누구보다 사람들에게 인정과 칭찬받는 것을 원하고 좋아하는 사람이다. 하지만 그의 주변에는 인정보다는 비난과 무시를 하는 사람이 더 많았고, 기억의 중심에는 늘 아버지가 계셨다. 어린 시절 용식이 아버지에게 자주 들었던 말은 "사내자식이 동작이 그렇게 굼떠서 어디다 써먹냐?", "도대체 뭐가 되려고, 제대로 할 줄 아는 게 하나도 없어!", "너 바보야? 벙어리야? 크게 또

박또박 말 못해?" 등의 비난과 강요뿐이었다. 이렇다 보니 아버지 앞에만 서면 이유 없이 긴장되고 위축될 수밖에 없었다.

성장하는 동안 자신의 의견을 자유롭게 말할 기회를 가져본 적이 없는 용식이 직장에서 가장 적응하기 힘든 것은 바로 회의 시간이다. 팀장님은 자꾸 각자의 의견을 자유롭게 말하라고 하는데 용식은 그때마다 죄지은 사람마냥 고개를 테이블에 닿을 정도로 푹 처박은 채 절대 들지 않는다. 이런 자신 없는 태도가 인사 평가에 좋은 요인으로 작용할 리가 없다는 것을 빤히 알고 있지만 어쩔 수가 없다. 바보 같은 의견을 말해서 창피와 조롱을 당하는 것보다는 훨씬 낫다고 생각하는 것이다. 초반에 진행되었던 회의에서 용식은 몇 번 자신의 의견을 말해보기도 했다. 하지만 팀장님은 용식의 발언을 "음~ 그런데 도입하더라도 현실적으로 보면 비용 대비 큰 매력이 없을 것 같은데, 다른 의견?"이란 한마디로 무시해버렸다. 순간 용식은 동료들 앞에서 망신을 당했다는 생각에 강한 수치심을 느꼈고, '역시 나는 무능력하다'는 오래된 신념에서 자유로워질 수 없었다.

상처가 아닌데 상처가 되는 이유

우리는 주변에서 용식처럼 다른 사람에게 받게 될 자신에 대한 부정적인 평가 때문에 늘 긴장 상태를 유지하는 회피성 성향의 사람들을 쉽게 만날 수 있다. 그들은 타인으로부터 거절당할지도 모른다는 불안한 마음 때문에 사회적 상황을 회피하면서 적응에 어려움을 호소한다. 그들의 사고는 늘 부정적으로 흘러간다. 다른 사람들이 자신을 바보로 생각하며 비난하고, 자신은 매력이 없기 때문에 모두 싫어할 거라는 생각이 머릿속에 기본값으로 세팅이 되어있다. 분명 누군가는 호의를 보이거나 긍정적 반응을 보였을 테지만, 그것은 아주 작고 하찮은 것으로 치부되어 버리고, 자신에게 긍정적으로 반응해주지 않았던 것들만 강렬하게 기억하며 부풀려 해석한다. 또한 다른 사람의 반응을 해석하는 데 있어서 인지적 오류를 보인다. 이분법적 사고를 하거나 지나치게 의미를 확대 또는 축소하고, 부정적인 증거에만 주의를 기울이는 것이다. 그러니 타인이 주는 건설적 비판과 이유 있는 피드백도 자신을 무시하고 비난하는 소리로밖에 들리지 않는다.

　내가 혹시 타인이 건네는 말과 행동 하나하나에 상처

받고 있다면, 첫째, 불안한 감정을 괜찮은 척 억제하기보다는 '내가 지금 불안하구나'라고 인정하는 게 우선이다. 회피성 성향의 사람들을 지배하는 감정은 불안이다. 그래서 감정이 편해질 수 있도록 자신이 느끼는 감정을 언어로 표현하는 훈련을 하거나, 신체와 사고를 이완시켜주는 과정이 필요하다. 둘째, 상처받을 만한 근거가 무엇인지 점검하고, 타인의 반응을 부정적으로 평가하는 생각 패턴을 바꿔줄 수 있어야 한다. 생각이 무조건 사실을 가리키는 것은 아니라는 점을 인정하고, 왜곡된 인지가 있는지 찾아서 수정하는 것이다. 이때 도움이 되는 것이 바로 마음챙김이다.

상처를 키우는 생각 패턴 바꾸기

스트레스 관리와 심리 치료에 있어서 최근 들어 주목받고 있는 '마음챙김Mindfulness'은 우리가 느끼는 감각, 감정과 생각을 있는 그대로 받아들이는 것을 강조한다. 평가, 판단, 비판의 시각을 내려놓고 감각을 통해 느껴지는 사실만을 관찰하는 것이다.

예를 들어 대화 도중에 상대가 얼굴을 찡그리는 것을 보고 '찡그리는 것을 보니 마음에 들지 않는다는 거군'이라는 생각이 들었다면, 이것은 상대의 행동을 그대로 보기보다는 내 관점에서 판단을 한 것이다. 이것은 마음을 챙기지 못하고 놓친 거다. 그냥 '상대가 얼굴을 찡그렸다'라고 있는 사실만을 봐주는 것이 마음챙김의 자세다. 나의 말이나 행동을 마음에 안 들어한다고 생각하면 우울해질 수 있지만, 얼굴을 찡그렸다는 정보만 받아들인다면 그것 때문에 상처받을 이유가 없다. 타인의 평가에 예민한 회피성 성향의 사람들에게는 이렇게 사실만 가지고 이야기할 수 있는 마음챙김이 필요하다. 더불어 내가 부정적으로 판단을 하고 있다면, 나도 모르게 순간적으로 들었던 '자동적 사고'와 그것을 무조건 진실이라고 믿어버리는 잘못된 '인지 오류', 그리고 그 속에 숨어있는 부정적인 '핵심 신념'을 찾아야 한다.

✦ "찡그리는 것을 보니 마음에 들지 않다는 거군."

⇨ 자동적 사고

✦ "분명 저 사람은 나를 미워하는 게 틀림없어."

⇨ 인지 오류 / 과잉 일반화

✦ "나는 사람들에게 미움 받을 것이다."

⇨ 부정적 신념

자동적 사고와 인지 오류는 가해자 없는 가해 상황을

만들 수 있다. 두 사람이 대화하는 상황이었다면 이렇게 짐작해볼 수도 있을 것이다. 상대방은 아마 순간 입안이나 몸 어딘가에서 통증이 느껴졌거나, 건너편 테이블에서 이야기하던 사람들의 목소리가 너무 커 거슬려서 얼굴을 찡그렸을 수도 있다. 절대 마음에 들지 않았거나 미워한 것이 아닌데 그렇게 오해를 받았으니, 오히려 억울할 수도 있을 것이다. 그야말로 상처의 근거에 모순이 생긴 거다. 그런데 신기하게도 상처 입는 것이 습관이 되어버린 사람들은 상대와 상관없이 자신만의 생각을 진실로 만들기 위해 '왜곡된 서사 쓰기'를 즐긴다. 이것은 없애야 할 습관이다.

인간관계에서 소외감을 느끼며 두려워하고 있다면 내 생각들이 사실과 진실에 기인한 것인지 살펴보기를 바란다.

다음은 삶과 인간관계에 있어서 비관적 사고로 이어지며 스스로 상처 입히는 여섯 가지 대표적인 인지 오류들이다. 그동안 자신이 습관적으로 떠올리는 생각 패턴이 아닌지 확인해보길 바란다.

	인지 오류	내용
1	흑백 논리 (절대적 사고)	어떤 상황을 '좋거나 나쁘거나, 성공하거나 실패하거나, 완벽하거나 결함투성이거나, 맞거나 틀리거나'라는 양극단의 범주에서만 판단하고, 중간을 인정하지 않는 이분법적 사고를 뜻한다. 유연함이 떨어지기 때문에 다양한 대안을 생각하지 못해서 문제 해결력을 떨어뜨리고, 인간관계의 갈등을 심화시킬 수 있다.
2	선택적 추상화	백 가지 잘한 것을 칭찬해도 한 가지 부족한 부분의 피드백에 더 크게 반응하며 상처를 받는다. 전체가 아닌 일부 정보를 선택하고 주목해서 전체를 판단하는 경우다. 자존감이 낮은 사람들에게서 주로 나타나는 사고 패턴이다.
3	과잉 일반화	한두 번의 경험을 가지고 일반적인 결론을 내리고, 이것을 관련 없는 다른 상황에도 비논리적으로 적용시키는 경우다. 예를 들어 승진 시험에 탈락된 사람이 '나는 아무것도 제대로 하는 것이 없는 무능한 사람'이라고 생각하는 것을 들 수 있다.
4	임의적 추론	어떤 결론을 지지하는 증거가 없거나 정반대의 증거가 충분히 있음에도 불구하고 성급히 결론을 내리는 것이다. 예를 들어 메시지에 대한 답장이 늦어졌을 때, 자신을 무시하거나 의도적으로 회피했다고 지레짐작해서 상대방의 생각과 행동에 결론을 내려버리는 식이다. 관계에서 오해와 갈등을 키울 수 있다.

5	개인화	자신이 취직을 못해서 어머니가 교통사고를 당한 거라는 식으로, 자신과 관련 없는 사건을 자신과 관련된 것으로 잘못 해석하면서 스스로에게 상처를 입히는 것이다.
6	과장과 축소	사건의 의미나 중요성을 그것이 가진 것과 무관하게 과대평가하거나 과소평가하는 것이다. 예를 들어 빈혈로 어지러움을 느낀 사람이 '나는 쓰러져서 정신을 잃고 죽고 말 거야'라고 생각하는 식이다.

혹시 습관적으로 자주 사용하는 '인지 오류'가 찾아졌다면, 이제는 그 오류를 반박할 수 있는 증거를 수집하는 것에 집중하면 된다. 찡그리는 것을 보고 나를 미워한다고 생각한 것은 과잉 일반화의 오류였다. 이것을 반박하기 위해서는 그 사람이 나를 미워하지 않는다는 증거를 수집하면 된다.

✦ 증거 1. 평소 나와 만나는 것에 망설였던 적이 없다.

✦ 증거 2. 며칠 전 나에게 커피 쿠폰을 선물해줬다.

✦ 증거 3. 대화를 하면서 자주 고개를 끄덕인다.

✦ 증거 4. 미간을 찡그렸던 것은 이번이 처음이다.

✦ 증거 5. 먼저 연락해온 경우가 종종 있다.

이렇게 내가 가진 인지 오류를 깰 수 있는 증거를 찾

을 수만 있다면, 나와 관계를 위협하는 착각의 늪에서 탈출할 수 있을 것이다.

정말 그게 당연한 건가요?

이혼으로 이어진 아침밥 논쟁

관계의 골이 깊어질 때로 깊어진 부부가 있었다. 남편이 아내에게 원하는 것은 단 하나 아침밥을 차려달라는 것이었고, 아내는 아침엔 피곤해서 절대 일어날 수 없으니 아침밥만은 차려줄 수 없다고 했다. 정말 밥 때문에 이혼을 결심한 부부였다. 남편 입장에서는 그깟 밥 한 끼 차려주는 게 뭐가 어렵다고 그걸 안 해주나 싶어 배신감을 느꼈고, 아내 입장에서는 그깟 밥 한 끼 못 먹으면 어떠며 밥이 부부 사이보다 더 중요한가라는 생각이 들어 화가 난다고 했다. 제3자가 봤을 때는 그 흔한 '칼로 물 베기' 같은 부부 싸움일 수 있지만, 서로 다른 욕구 안에는 두 사람이 절대 양보할 수 없는 자기만의 신념이 들어있다 보니 해결점이 보이지 않았다.

남편은 '좋은 아내라면 배우자를 위해 희생해야 한다', '남자는 돈을 벌고 여자는 내조를 하는 것이 부부의 역할이다'는 신념을, 아내는 '좋은 남편은 아내에게 희생과 순종을 요구하지 않아야 한다', '부부는 수평적 관계이며 개인의 자유가 항상 우선이 되어야 한다'는 상충되는 신념을 가지고 있으니, 갈등이 지속될 수밖에 없었던 것이다.

남편: "당연히 아침밥은 차려줘야지."

아내: "다른 거 원하는 대로 다 해주잖아. 아침밥이 뭐가 중요한데?"

남편: "나는 중요해. 쉬지 않고 일하고, 돈 벌어다 주잖아. 집에서 쉬는 사람이 이 정도는 당연히 해야지."

아내: "당연이라는 게 어디 있어? 그리고 내가 집에서 놀아? 피곤해서 못한다고."

남편: "나는 결혼한 이유가 아침밥 때문이야. 그 정도

로 나한테는 중요하다고."

아내: "그럴 거면 이혼해. 나는 이혼하면 했지 아침밥은 못 차려."

남편은 좌절했고 아내를 향해 엄청난 실망감과 분노의 감정을 표출했다. 조금의 양보도 없었다. 나와 타인을 상처 입히는 것 중 가장 지독한 것은 '반드시~ 해야만 한다'라고 하는, 절대적이며 완벽주의적인 당위적 요구와 표현들이다. 이런 표현들은 유연함을 떨어뜨려 인간관계에서 지속적인 갈등을 유발하며 서로에게 상처를 입히고 만다. 이럴 경우 주어진 상황 또는 사건에 대해 어떤 생각을 했기에 불쾌한 감정을 느끼게 된 것인지 나와 상대의 마음을 살펴보는 것이 좋다.

남편

✦ 사건 : 아내가 아침밥 차려주는 것을 강하게 거부한다.

✦ 생각 : 좋은 배우자는 항상 희생과 배려를 실천한다.

✦ 감정 : 실망, 분노 / 80점(0~100점)

아내

✦ 사건 : 남편이 아침밥을 차려줄 것을 강하게 요구한다.

✦ 생각 : 부부는 반드시 수평적이어야 하며, 무엇도 강요

하면 안 된다.

✦ 감정 : 짜증, 분노/80점(0~100점)

반드시 그렇게 해야 한다는 절대 명제

합리적 정서 행동 치료의 창시자 앨버트 엘리스는 인간의 심리적 부적응과 장애를 만드는 요인으로 '자신, 타인, 세상에 대한 당위적이며 비합리적인 사고'를 지적했다.

우선, 자신에 대한 당위적 요구는 '나는 반드시 탁월하게 일을 수행해내야 한다', '항상 다른 사람에게 인정과 칭찬을 받아야 한다'와 같이, 스스로에 대해 과도한 기대와 요구를 부과하는 것이다. 누구나 실수하고 실패할 수도 있는데 그것을 절대 허용하지 않는다. 원하는 대로 충족되지 않을 경우 스스로에게 실망하여 우울해하며, 자기비난과 자기혐오로 이어지게 된다.

둘째, 타인에 대한 당위적 요구는 '좋아한다면 나를 무조건 이해해야 한다', '진정한 친구라면 언제나 내 편을 들어줘야 한다'와 같이 개인이 타인에게 지니는 과도한 요구와 기대를 말한다. 혹시 이것을 타인이 따르지 않을 경우 실망, 좌절, 배신과 같은 마음의 상처를 입을 뿐 아니라 타인에 대해서 분노와 적개심 같은 공격적인 정서를 갖게 된다.

셋째, 세상에 대한 당위적 요구는 '우리가 사는 세상은 반드시 공정하고 정의로워야 한다', '세상은 항상 내가 원하는 대로 돌아가야 하고, 내가 노력한 만큼 보상을 주어야 한다'와 같이, 우리가 살아가는 사회 전체에 대해 비현실적이며 과도한 기대를 가지고 있는 것이다. 이러한 신념이 훼손될 경우 세상을 향한 분노와 공포, 우울과 무기력감을 느끼며 고통받게 된다.

'반드시~ 해야만 한다'는 식의 당위적 요구와 기대는 완벽하게 실현되는 것이 불가능한 비현실적인 것들이다. 당연히 좌절을 경험할 수밖에 없고, 이것은 다시 부정적인 감정과 행동을 유발시키는 원인이 된다. 결국 이는 부적응적인 삶으로 이어지게 되고, 나와 상대의 관계를 파국으로 몰고 가는 깊은 상처를 남긴다.

스스로를 괴롭히는 비합리적 신념들

"사람 절대 고쳐 쓰는 거 아니야."라는 말을 자주 하는 친구가 있다. 그 친구는 그래서 사람을 쉽게 믿지 않는다. 사람은 중간에 변하지 않으니 처음부터 완벽한 사람을 골라 만나야 한다는 것이다. 그럴듯해 보이지만 현실적으로 불가능하다. 나는 '정의는 살아있고, 언젠가는 반드시 역사의 심판을 받게 된다'라는 신념을 가지고 있다. 그래서인지 뉴스를 보며 화가 날 때가 종종 있다. 제대로 심판받지 않는 경우가 많기 때문이다. 이렇듯 알게 모르게 우리들은 각자 자신만의 신념 하나씩은 가지고 있다. 그중에는 합리적인 것도 있겠지만 나와 친구가 가진 신념처럼 그럴듯하지만 비합리적인 신념들도 있기 마련이다.

우리가 비합리적 신념들을 기억하고 주의해야 하는 이유는, 이를 절대적으로 추구할 경우, 일상에서 일어나는 어떤 사건과 상황에 대해 부정적으로 과장하거나 왜곡해서 해석할 가능성이 높아지기 때문이다. 이렇게 되면 관계의 유연함은 기대할 수 없게 된다. 비합리적 신념들로 인해 불안, 우울, 공포, 분노와 같은 부정적 정서를 경험하며, 스스로를 고통스럽게 하는 자기파괴적 또는 자기패배적인 사고와 행동을 저지르기 쉽다. 그렇다면 어떤 것들이 비합리적 신념에 해당되는 걸까? 앨버트 엘리스는 좋은 생각이라는 명목 하에 사람들에게서 발견되는 비합리적 신념을 아래와 같이 열세 가지 정도로 제시했다.

1. 모든 중요한 사람들로부터 사랑받고, 인정받고, 이해 받아야만 가치 있는 사람이다.

2. 어떤 사람들은 나쁘고 사악하며 따라서 비난받고 처 벌받아야 한다.

3. 일이 뜻대로 진행되지 않는다면 이는 무시무시하고 끔찍한 일이다.

4. 위험하거나 두려운 일이 일어날 가능성을 늘 생각하 고 있어야 한다.

4. 완벽한 능력이 있고 성공을 해야만 가치 있는 인간이다.

6. 인간의 문제는 해결책이 있고, 만약 그 해결책을 발견 할 수 없다면 이는 끔찍한 일이다.

7. 세상은 반드시 공평해야 하며 정의는 반드시 승리해 야 한다.

8. 나는 항상 고통 없이 편안해야만 한다.

9. 나는 아마 미쳐가고 있는지도 모른다. 그러나 나는 미 쳐서는 안 된다. 왜냐하면 그것을 견딜 수 없기 때문 이다.

10. 인생에서의 어려움은 부딪치기보다 피해가는 것이 편하다.

11. 우리는 다른 사람에게 의지해야만 하므로, 의지할 수 있는 강한 누군가가 있어야만 한다.

12. 행복이란 외부 사건들에 의해 결정되며 우리는 통제

할 수 없다.

13. 나의 과거의 사건들이 현재의 행동을 결정한다.

<출처_박재우, 『회복』>

얼핏 보면 그다지 문제될 것 없는 합리적 신념처럼 보일지 모른다. 하지만 이 신념들 하나하나를 내가 지키면서 살아야 한다고 생각하면 숨이 턱 막혀 온다. 조금의 실수나 실패도 스스로 용납할 수 없으니 누구보다 완벽해지기 위해 늘 긴장해야 하고, 경쟁 속에서 살아야 할 것이다. 또 이 신념대로 살 것을 타인에게 요구해도 문제는 커진다. 자신의 요구가 받아들여지지 않는 상황을 견딜 수 있는 사람은 드물기 때문이다. 스스로 분노하거나 타인에게 적개심을 품을 확률이 높아질 수밖에 없다.

사건이 아니라 사건에 대한 생각 때문에 고통받는다

우리에게 상처를 입히는 문제 상황이 있다면, 어떤 점에서 비합리적인 신념을 가지고 있는지를 확인해야 한다. 그러려면 더 유연한 생각을 할 수 있도록 질문하고 다른 대안은 없는 것인지 논박할 수 있어야 한다. 그리고 논박의 과정에서 발견된 비합리적 신념을 인정하면 된다.

앞서 사례에서, 남편의 생각에 좋은 배우자란 항상 희

생과 배려를 실천하는 것이다. 그렇다면 남편은 아내가 그동안 남편을 위해 헌신했던 것들로 무엇이 있는지 떠올려봐야 한다. 아내는 집안일과 자녀 돌봄, 양가 어른들 챙김 등 수없이 많은 내조를 해왔다. 그런데도 아침밥을 차려주지 않으면 나머지 노력들은 모두 가치 없다고 할 수 있는지 그 근거를 댈 수 있어야 한다.

아내의 생각은 부부는 반드시 수평적이어야 하며, 무엇도 강요하면 안 되는 것이다. 그렇다면 가족의 위계질서에 대해 어떤 기준을 가지고 있는지 함께 점검해야 한다. 예를 들어 안전과 생명에 관한 일들이라도 규칙을 강요할 수는 없는 것인지 생각해보는 것이다.

또한 남편과 아내 모두 다음과 같은 질문을 통해 스스로의 생각을 점검해보는 것도 좋다.

✦ 첫째, 이렇게 생각하는 현실적인 근거는 무엇인가?
: 비합리적인 생각은 아닌지, 다른 사람도 나의 생각을 옳다고 할 것인지를 떠올려보자.

✦ 둘째, 내가 하는 생각이 효과적인가?
: 사례에서 남편과 아내가 부부관계에서 진짜 원하는 것이 이혼은 아닐 것이다. 그렇다면 지금 자신이 고집하는 태도가 과연 두 사람의 관계에 도움이 되는지, 가정

✦

의 공동 목표를 방해하는 것은 아닌지 솔직하게 답해봐야 한다.

✦ **셋째, 내가 생각하는 결론이 유일한 답인가?**
: 전혀 상관없는 제3자, 다른 사람이라면 이 상황을 어떻게 볼지 생각해보자. 혹시 친한 친구가 이런 고민을 털어놓는다면 그때도 이혼하는 것이 답이라고 말해줄 수 있는지 살펴보는 것이다.

고대 그리스 철학자 에픽테토스의 유명한 말이 있다. "사람들은 사건 자체가 아니라 사건에 대한 생각에 의해서 고통받는다." 혹시 어떤 사건 때문에 고통스러운 날들을 보내고 있다면, 자신의 생각 패턴에 절대적 패러다임은 없는지 점검하길 바란다.

이유 없는 불안이 내 안에 가득할 때

세상을 불안의 눈으로 바라볼 때

나는 그림책 보는 것을 좋아한다. 처음엔 아이에게 읽어주기 위해 그림책을 봤는데 언제부터인지 아이보다 내가 더 자주 본다는 것을 알게 되었다. 재미있게 봤던 그림책 중 『쿵쿵이와 나』라는 게 있다. 그림에는 어린 한 소녀와 커다란 하얀 털뭉치처럼 생긴 쿵쿵이가 나온다. 쿵쿵이는 소녀가 태어날 때 함께 태어났다고 되어있다.

갓 태어난 쿵쿵이는 아주 작고 귀여웠다. 그런데 소녀가 낯선 곳, 낯선 사람들을 만날 때마다 쿵쿵이는 커지기 시작했고, 어느새 쿵쿵이는 소녀가 밖으로 나가지 못하게 집안을 가득 채울 만큼 커져버렸다. 책에 나오는 쿵쿵이는, 모든 사람들의 마음 한편에 살고 있는 불안, 걱정, 두려움이 만들어낸 형체 없는 괴물, 즉 감정의 독 같은 것을 의미한다.

'처음 보는 사람들 앞에서 실수하면 어쩌지?'
'사람들이 날 비웃거나 비난하면?'
'낯선 곳이라 헤매고, 우스꽝스러운 일이 생길 수도 있잖아.'
'모두가 친한데 혼자서 외톨이처럼 서있게 된다면…'

이처럼 세상을 온통 불안의 늪으로 보기 시작하면 어느 것 하나 편한 게 없다. 그런데 세상에 불안하지 않는 사람이 있을까? 매일 같은 일상을 반복하는 직장인, 주부, 학생도 어제와 다른 오늘의 불안을 다시 겪을 수밖에 없다. 당장 내 앞에 어떤 일이 벌어질지 몰라서 불안하고, 원치 않았던 끔찍한 사건이 일어났을 때 그것을 해결할 수 있는 능력이 나에게 없을까 봐 불안하다. 이

렸듯 정확한 형태가 없어서 나를 더욱 불쾌하고, 고통스럽게 만드는 감정이 불안인 것이다. 그리고 분명 우리들 중에는 이러한 불안을 더 크고, 더 강렬하게 느끼는 사람들이 있다. 바로 아물지 않은 상처를 숨긴 채 살아가는 사람들이다.

"괜찮아요, 괜찮아요"

황혼이 되어서야 겨우 이혼 서류에 도장을 찍을 수 있게 된 아버지와 엄마(사연의 내담자가 아버지와 엄마로 호칭했기에 그대로 옮긴다)를 둔, 성훈은 상담을 하며 입버릇처럼 '뭐~ 괜찮아요'라고 했다. 도대체 무엇이 괜찮다는 것일까? 나는 성훈이 전혀 괜찮아 보이지 않았다. 어린 시절부터 그의 아버지에겐 엄마 아닌 다른 여자가 늘 옆에 있었다. 그가 '바람', '내연녀'라는 단어가 뜻하는 것이 무엇인지 알게 될 때쯤, 아버지는 뻔뻔하게도 그 여자들을 집으로 데려오기까지 했다. 엄마가 집에 있다는 것이 아버지에게는 아무런 걸림돌이 되지 않았던 모양이다. 아버지의 여자들 때문에 집은 늘 불행했다. 한 번씩 난리가 날 때마다 성훈이 할 수 있는 것은 '괜찮아'로 자신의 마음을 진정시키고, 동생을 적당히 속이는 것

뿐이었다. 엄마가 나쁜 생각을 하지 않았으니 그걸로 괜찮다고 생각했다.

이제 성훈은 성인이 되었고, 얼마 후 결혼을 할 예정이다. 그런데 그는 행복과 동시에 불안을 강하게 느끼고 있었다. 자신이 아무런 문제없이 결혼을 하고, 자녀를 낳아 키우는 평범한 가정을 잘 꾸려나갈 수 있을지 두렵고 불안한 것이다. 스스로 이런 감정을 강히게 느낄 때면, 성훈은 마음속으로 '아버지처럼은~ 절대 살지 않을 거야' 그리고 '괜찮아'로 자신을 진정시켰다고 했다.

말을 하며 자꾸만 한숨을 몰아쉬며 '괜찮아요'를 반복하고 있는 그에게, 10분 동안 괜찮다는 말을 몇 번이나 했고 한숨을 얼마나 자주 쉬는지를 말해줬다. 성훈은 자신이 그런 행동을 하고 있음을 전혀 모르고 있었다.

상처를 억누르는 억압의 방어 기제

성훈이 오랜 동안 사용한 '억압'의 방어 기제는 수용하기 힘든 원초적 욕구나 불쾌한 감정이 의식에 떠오르지 못하도록 무의식 속에 눌러두는 것으로, 이는 불안의 원천이 되기도 한다. 부모의 외도와 폭력, 자살 시도, 이혼에 이르기까지 성훈은 반복적이며 복합적인 심리적 외상을 경험했지만, 그때마다 억압하는 것 말고는 달리 할 수 있는 게 없었다. 그저 괜찮다고 생각하면 모두 좋아질 거라 믿었던 것이다.

그는 한참을 울기만 했다. 소리를 질러도 좋다고 했지만 그는 그러질 못했다. 그는 아버지를 떠올리고, 머릿속으로 아버지를 죽이기를 수없이 반복했다. 엄마의 자리를 빼앗은 여자들을 찾아가 시원하게 욕을 뱉어주고, 오물을 투척하는 자신을 상상하기도 했다. 불쌍한 엄마지만 왜 아버지가 처음 바람났을 때 잘 해결하지 못하고 상황을 악화시킨 것인지, 엄마의 태도도 못마땅하게 느껴졌다. 이런 생각이 꼬리에 꼬리를 물며 성훈을 괴롭혔지만, 늘 생각의 끝은 아무리 못나도 부모인데 그 부모를 대상으로 끔찍한 생각을 하고 있는 자신을 탓하는 것으로 마무리되었다.

사실 성훈이 부모와 자신을 향해 느끼는 감정과 생각은 상처 입은 사람들에게서 흔하게 발견되는 너무나 자연스러운 것들이었다. 억압해두었던 분노와 죄책감, 슬픈 감정을 털어놓고 나면 사람들은 속마음을 꺼내놓기 시작한다. 성훈은 왜 평범한 가정에서 태어나지 못해 이런 고통을 짊어지고 살아야 하는지 세상이 원망스러웠던 적이 많았다고 했다. 혹시 자신의 불행한 삶이 평생을 두고 반복되는 것은 아닌지 걱정하고 있었다.

그런데 성훈만 이런 것이 아니다. 반복적으로 마음에 상처를 입은 사람들은 자신과 타인, 미래에 대해 '안 될 거야'라는 부정적인 생각을 하게 되고, 기대와 희망을 포기해버린다. 이들에게 필요한 건 과거의 상처를 회복하고, '안 될 거야'라는 생각을 '괜찮아'가 아니라 '내 잘못이 아니야, 그러니 잘될 거야'로 바꾸는 연습이다.

부정적인 기분을 바꿔주는 대안적 사고 연습

'나는 이해받지 못할 거야', '결국 사실을 알게 되면 모두 나를 떠날 거야', '다른 사람들만큼 잘 해내지 못하면 나는 미움받을 거야', '절대 통제력을 잃어서는 안 돼'와 같은 부정적 사고는 불안, 두려움, 우울 등의 부정적 정서를 유발시킨다. 이때 감정을 인식하지 못하고 억압할 경우 고통은 깊어질 수밖에 없다. 만약 분노, 슬픔, 두려움과 같은 부정적인 정서를 계속해서 느끼고 있다면, 이를 낮출 수 있도록 대안적 생각 질문을 해보는 것이 좋다.

✦ 이 상황에서 어떤 다른 생각을 해볼 수 있는가?
✦ 생각들 중 어떤 것이 조금 더 객관적인 생각인가?
✦ 다른 사람이라면 이 상황에서 어떻게 행동할 것 같은

가?

✦ 어떻게 생각하는 것이 내가 원하는 것(목표)을 이루는
데 도움 되는가?

✦ 어떻게 생각하는 것이 나에게 이로운가?

또한 오랫동안 억압된 상처를 잘 아물게 하려면 제일
먼저 상처 난 부위를 드러낼 수 있어야 한다. 억압이 불
안을 만들고, 불안은 다시 우리의 마음속에 커다란 쿵쿵
이를 만들어버리기 때문이다. 그렇게 쿵쿵이 안에 갇힌
상처는 절대 문 밖으로 나올 수 없게 된다.

과거가 더 이상 현재의 나를 흔드는 상처가 되지 않
게 하려면 나의 상처를 인정하면 된다. 상처는 털어놓아
야 할 대상이지 쉬쉬하며 숨겨야 하는 비밀이 아니다.

다음 소개하는 '대안적 사고 기록지'는 앞서 소개했
던 '감정 라벨링'과 '인지 오류 찾기'를 통합시킨 종합
활동으로, 나의 감정과 생각을 인식하고 점검하는 데
매우 효과적인 도구다. 특히 상처받은 마음을 누군가
에게 털어놓는 것조차 어려운 회피 성향의 사람들에게
는 혼자서 차분히 작성하며 나를 알아차릴 수 있는 계
기가 되어준다.

대안적 사고 기록지를 작성하려면 우선 나에게 스트
레스가 된 사건과 상황을 떠올린다. 그 상황에서 내가

느낀 감정이 무엇인지 감정 라벨링을 한 뒤, 그 순간 자동적으로 떠오른 생각이나 이미지가 있다면 적는다. 자신의 자동적 사고 속에 왜곡된 생각은 없는지 인지 오류를 발견하고, 그것을 깰 수 있는 대안적 생각 질문을 통해 반대의 증거를 찾아 대안적 사고로 교체해본다. 마지막으로 이때 느껴지는 감정의 변화된 정도를 다시 감정 라벨링한다.

　대안적 사고 기록지는 내가 보고 싶은 대로만 보고 믿고 싶은 대로 믿게 만드는 확증 편향을 없애고, 심리적 문제 해결을 위해 보다 객관적이며 사실적 관점에서 상황을 바라볼 수 있도록 해줄 것이다. 다음 예시를 보며 연습해보도록 한다.

대안적 사고 기록지 예시

날짜	상황	감정 (강도%)	자동적 사고 (확신의 정도)	인지적 오류	대안적 사고	결과 감정 (강도%)
5/29	엘리베이터를 내리는데 몸집이 큰 사람이 뒤에서 강하게 밀어 넘어질 뻔했다.	불쾌 지침 (70)	나를 만만하게 보는군.	과잉 일반화: 모르는 사람에게도 무시당하는 걸 보니 나는 무능력한 사람이다.	급한 일이 있어서 빨리 내리려고 했던 것 뿐이지 나에게 악감정을 가지고 있는 게 아니다.	안정 편안 (60)
6/18	출퇴근이 어려워져 동료에게 토로하자 옆에 있던 선임이 '그럼 본사로 가는 건 어때?' 라고 한다. (본사가 더 먼 거리임)	짜증 불쾌 (80)	나를 비웃는군, 나를 싫어하는 거야.	선택적 사고: 남들 앞에서 무안을 주다니, 진짜 무례한 사람이야.	선임은 평소에도 농담을 많이 하는 사람이고 나에게 꼭 악감정이 있어서 그런 건 아닐 거다.	안정 편안 (50)

실존주의 철학에서는 인간을 평생 불안한 동물로 만들어버리는 첫 번째 실존적 이유로 '죽음'을 뽑는다. 인간이 절대 피할 수 없는 확실한 미래이지만 언제 그 죽음을 맞이하게 될지 모르니 동시에 불확실한 미래다. 이 죽음이 만들어내는 공포에 대처하는 방법으로 실존적 심리 치료에서는 죽음을 초월하거나 죽음에 직면하는 것이 도움을 준다고 말한다. 세네카의 말처럼 "기꺼이 생을 끝낼 준비가 되어있는 자만이 생의 진정한 맛을 즐길 수 있다"는 것이다. 죽음을 회피하는 사람은 아무것도 바꿀 수 없는 현실에 무력감을 느끼지만, 죽음을 수용하는 사람은 오히려 죽음의 불안에서 해방될 수 있다. 역설적이게도, 언제 죽을지 모르기 때문에 후회 없는 삶을 만들어야겠다는 다짐하는 사람은 죽음이 삶에 긍정적으로 기여하는 까닭에 더 이상 불안에 휘둘리지 않게 된다.

상처 역시 마찬가지다. 안타깝지만 상처투성이의 과거는 바꿀 수가 없다. 대신 그 불가피성을 있는 그대로 수용할 수 있다면, 이는 미래로 나갈 수 있게 하는 원동력이 되어주기도 한다.

어느 날, 나를 찾아온 죄책감

녹슨 마음이 부딪히는 소리를 들어주세요

상담실에서 처음 만난 혜경의 모습은 그야말로 초췌했다. 편히 잠을 자고, 배불리 밥을 먹고, 소리 내어 웃는 것 모두가 죄스럽다고 했다. 그녀는 친구가 자살을 했다며 두 손으로 얼굴을 감싼 채 울었다. 울음소리가 밖으로 새어나오지 않도록 애써 감정을 꾹꾹 누르며 울고 있다는 것이 느껴졌다. 친구의 죽음 소식을 전해온 것은 친구의 언니였는데 동생이 죽기 전 마지막 통화한 사람이 혜경이라고 했다. 그때부터 혜경은 견딜 수 없는 죄책감에 시달리고 있었다.

'내가 전화를 끊지 말았어야 했어', '내가 같이 있어줬어야 했어', '그렇게 한 번 보러 오라고 했는데 뭐가 바쁘다고 안 간 걸까, 내가 얼마나 미웠을까?' 이런 생각들이 혜경의 머릿속을 꽉 채우고 있었다. 잠을 자려고 누우면 친구가 혼자 생활하던 원룸이 구석구석 파노라마처럼 떠올라 괴롭다고 했다. 그녀는 친구가 스스로 목숨을 끊는 것을 말리지 못한 점 때문에 힘들어하고 있었다. 사실 냉정히 따졌을 때 친구의 죽음과 혜경은 무관한데도 말이다.

또한 혜경은 자신이 일을 하는 엄마다 보니 아이에게 죄인이 될 수밖에 없다고 했다. 정서적으로 좋은 지지자가 되려고 노력했지만, 간혹 회사에서 스트레스를 많이 받고 퇴근한 날은 자신도 모르게 아이에게 "숙제 했어? 안 했어?", "언제까지 엄마가 챙겨줘야 해?", "도대체 공부는 언제 하려고?"라며 짜증을 냈다고 했다. 그녀는 엄마 자격도 없는 나쁜 엄마라며 자꾸만 자책을 했다. 아이가 넘어져서 조금만 다쳐도, 아이가 친구와 싸우고 화가 나서 하교를 해도, 남들 앞에 잘 나서지 못하는 모습을 봐도, 모든 것이 엄마가 일을 하고 있기 때문이라는 생각으로 이어졌다. 물론 자녀의 정서와 행동에 있어서 부모의 영향을 무시할 수는 없지만, 그것에 비해 혜경은 너무 많은 부분에서 모든 것을 자신 탓으로 여겼다.

친구의 죽음도 아이의 양육 문제에서도, 혜경은 개인화의 인지 오류를 범하고 있었다.

불필요한 죄책감이 나를 상처 입힌다

무엇에도 분노하지 못하고 그저 참고 견디는 사람들이 있다. 그런데 외부로 표현되지 못한 오래된 분노가 결국 자기에게 향할 때가 있는데, 이것이 죄책감이다. 혜경에게서 나타나는 생각들이 바로 만성적 죄책감에 시달리는 사람이 보이는 특징이다. 그들은 모든 일의 책임을 자신에게로 가져온다. 게슈탈트 심리 치료에서는 이를 두고 '반전retroflection'이라 말한다. 반전은 내가 다른 환경에서 하고 싶은 행동 또는 다른 이들이 나에게 해주기 바라는 행동을 스스로에게 하고 있음을 말한다.

혜경은 언제부터 세상에 일어나는 모든 일을 자신의 탓으로 가져온 것일까? 어린 시절 그녀는 해야 할 일과 하지 말아야 할 일을 제대로 구별하지 못하면 부모로부터 크게 비난을 받았다.

"너 때문에 부끄러워서 살 수가 없다."

"도대체 어떤 생각을 하면 너처럼 할 수 있는 거니?"

"너 바보야? 그게 그렇게 구분이 안 가?"

"핑계 대지 마. 그것처럼 비겁한 것은 없어!"

"잘 모르겠으면 아무것도 하지 마. 그게 엄마 아빠 얼굴에 먹칠 안 하는 거니까!"

부모에게 혼나는 것이 무서웠던 혜경은 점점 지적받기 전 미리 행동하는 아이로 변했고, 부모는 그런 혜경을 훌륭하다며 칭찬했다. 친구들 문제로 속상해하면 마음이 큰 사람이 이기는 거라며 무조건 이해하라고 하셨기에, 혜경은 늘 친구들에게 먼저 양보하는 배려심 많은 아이로 통했다. 그녀는 뭐든 제대로 해내야 했기에 긴장하는 날이 많았고, 부모를 비롯한 선생님과 윗사람에게 순종하는 착한 아이가 될 수밖에 없었다. 이렇다 보니 성인이 되어서도 일이 잘못되거나, 관계가 틀어지면 습관적으로 '내가 제대로 역할을 해내지 못해서 그래'와 '내가 조금 더 그 사람을 이해해줬어야 했어'를 떠올리고 있었다. 바로 부모의 신념과 태도를 마치 자신의 것인 양 아무런 비판 없이 받아들였기 때문이다.

그녀는 지금도 여전히 스스로의 감시자가 되어 자신의 행동을 평가했고, 부족한 것이 발견되면 무조건 자기

탓으로 의미를 부여하고 있었다. 분명 합리적이며 건강한 죄책감은 잘못된 부분을 바로잡을 수 있고, 나로 인해 피해를 입은 타인이 있다면 그 부분에 대해서 책임을 지는 것이기에 필수적이다. 하지만 만성적 죄책감은 내가 통제할 수도 책임질 수도 없는 다른 사람의 행동과 삶, 또 상황별로 발생할 수 있는 모든 것들에 대해 과도한 죄책감을 갖는 것이기에, 때로 나를 상처 입히는 괴물이 되기도 한다.

'왜'를 찾기보다는 현재에 집중

자신의 상처는 누구에게도 위로받지 못한 채, 남에게 상처가 될까 걱정하며 전전긍긍 희생자의 삶을 자처하는 사람들이 있다. 자신이 무엇을 느끼고, 생각하며, 원하는지 모르기 때문이다. 한 번도 자신의 것을 내세워 표현해본 적이 없기 때문이다. 내 속마음을 드러내는 것은 이기적이며, 비도덕적이고, 무책임한 행동이라는 생각을 신념으로 가지고 있기 때문이다. 하지만 내가 느끼고 원하는 것을 추구하며 사는 것은 자연스럽고 행복한 일이다. 혜경이 가지고 있는 불필요한 죄책감을 건강한 죄책감으로 바꾸기 위해 필요한 것은 '지금-여기'의 알아차림이다.

　게슈탈트 심리 치료의 창시자인 펄스는 "알아차림 그 자체가 바로 치료적이다"라며 심리 치료의 유일한 목표로 알아차림을 강조했다. 이미 지나버린 과거의 사건이 영향을 미칠 수는 있지만 치료는 과거가 아닌 지금-여기에서 하는 것이기에, '왜' 그렇게 되었는지 원인을 찾기보다는 '무엇'이 '어떻게' 현재 상황에서 나타나고 있는지 현상에 집중하는 것이다.

　이를 위해 첫 번째로 할 일은 내가 환경과의 상호 작용에서 발생하는 다양한 현상(무엇)what들을 알아차리는 것이고, 두 번째는 상황마다 내가 어떤 행동 방식(어떻게)how을 선택하고 있는지를 알아차리는 것이다.

　알아차림은 '신체 감각, 욕구, 감정, 환경, 상황, 내적인 힘, 행위'라는 일곱 가지 영역에서 접근할 수 있다. 예를 들어 지금 내 몸의 상태는 어떠하고 컨디션은 어떤지, 지금 하고 싶은 것은 무엇이며 원하는 것은 무엇인지, 지금 내 기분과 감정은 어떠한지 등을 '나'를 주어로 해서 현재 시제의 문장으로 표현해본다. 또한 평소 자신이 습관적 혹은 무의식적으로 자주 쓰고 있는 특정 표현들이 있는지 주의를 기울이면 자신의 상태를 알아차리는 데 훨씬 도움이 된다.

괴로운 건 당연한 게 아니야

친구의 자살 이후 제대로 잠을 잘 수도 먹을 수도 없는 혜경이 느끼는 죄책감의 수준은 일상을 망가뜨릴 정도로 무겁고 컸을 것이다. 하지만 반전으로 자기 탓만 하는 그녀는 자신이 괴로운 것을 당연하게 받아들이고, 자신의 몸과 마음이 얼마나 고통스러운지에 관심 두는 것을 죄스러워 하고 있었다. 알아차리는 것을 무의식으로 회피하고 있었던 것이다.

"지금 어떤 느낌이 들어요? 혹시 어떤 생각이 자꾸 든다면 잠시 생각을 멈추고 그 감정에 집중해볼까요?"라는 질문에 혜경은 슬프다고 했다. 되돌리고 싶다고 했고, 친구의 곁을 지켜주지 못한 것 같아 미안할 뿐이라고 했다.

우리가 느끼는 감정은 내 마음을 대변하는 매개체이며, 충족되거나 충족되지 못한 욕구와 연결되어 있다. 슬픔과 미안한 감정을 일으킨 욕구에 대해 알아차려 보기 위해, '나는 ~을 하고 싶다'라는 문장을 3~4개 정도 완성해보도록 했다.

'나는 친구를 만나고 싶다.'
'나는 혼자만의 시간을 갖고 싶다.'

'나는 편해지고 싶다.'

　그렇게 3개의 문장을 완성한 그녀가 잠시 머뭇하더니 굵은 눈물을 흘리며 힘겹게 옮긴 말은 "선생님, 저 진짜 한 번만 푹~ 자고 싶어요." 누가 그녀가 자는 것을 비난하고 질책할 수 있을까? 아무것도 아닌 자고 싶다는 욕구가 왜 이렇게 그녀에게는 죄가 되어 돌아온 걸까? 친구를 그리 보내고 편히 자는 것은 부끄러운 짓이라고 생각한 바로 그녀 자신이다.

　혜경은 '저만 잘하면 되요'와 '제가 할 수밖에 없어요'라는 말을 자주 사용하고 있었지만, 정작 그녀 자신은 이를 모르고 있었다. 나는 그녀에게 '나'라는 주어를 '우리', '함께'와 같은 대명사로 바꾸고, '할 수밖에 없다'라는 표현을 '~로 선택했다'로 바꾸어 말하게 했다. 그녀의 언어 표현에는 무엇이든지 과도하게 책임지려는 그녀의 마음이 고스란히 반영되어 있었기 때문에, 이것부터 바꾸는 작업이 필요했다.

　이렇게 신체감각, 욕구, 감정, 환경, 상황, 내적인 힘에 대한 알아차림은 물론 언어와 행동들을 알아차릴 수 있도록 반영해주면, 내가 미처 의식하지 못했던 회피나 중독 행동을 이해하는 데 도움받을 수 있다. 혜경 또한 스스로 자신이 가진 책임 정도가 왜 일반적이지 않은

지 왜 이렇게 확대해서 해석했는지 알게 되었다. 이렇게 자신의 현상과 행동을 알아차리게 되면, 스스로 책임의 경계를 지킬 수 있는 건강한 죄책감에 대해 고민할 수 있게 된다.

한 번도 위로해준 적 없는 마음

사랑하는 이를 먼저 떠나보낸 상처

인상주의 화가들은 시시각각으로 미묘하게 변화되고 움직이는 자연을 보고 순간적으로 느껴지는 인상을 색과 빛으로 표현한다. 그중 프랑스 인상파 그림의 창시자로 불리는 클로드 모네는 빛과 계절, 색의 변화를 포착하기 위해 같은 장면을 여러 번 그렸다. 대표적인 작품 중 하나가 파리의 오르세 미술관에 소장된 그림 '루앙

대성당'이다. 같은 성당을 그렸다고 밝히지 않았거나 다른 위치에서 따로 전시되었더라면, 나처럼 그림에 문외한인 사람들에겐 충분히 비슷한 모습의 다른 성당을 그린 그림으로 보였을 것이다. 한참을 서서 쳐다봤다. 그림마다 전해주는 느낌이 조금씩 달랐다. 어떤 그림에선 차갑고 어두우며 냉혹한 도시가 있었고, 어떤 그림에는 따뜻한 봄날의 사랑하는 연인을 기다리는 설렘이 들어 있기도 했다. 사람이라면 어땠을까? 빈센트 반 고흐는 모네와 같은 인상주의 화가다. 그는 특히 자화상을 많이 그렸다. 그리고 그 역시 한 사람에게서 발견되는 여러 감정들을 빛과 색을 통해 눈으로 드러나도록 표현했다고 밝혔다. 모네의 그림처럼 언뜻 보기엔 각각 다른 사람 같았지만, 자세히 들여다보면 같은 사람의 다른 모습이었다.

우리가 느끼는 많은 감정 역시 그렇다. 겉으로는 똑같아 보이는 우울이나 불안, 분노라 하더라도, 그 감정의 실체는 다르다. 그러니 내가 느끼는 감정을 보다 명확하게 인식하려면, 인상주의 화가들처럼 감정의 형체와 변화를 보다 세밀하게 구분지어 보는 것부터 시작해야 한다. 눈으로 보이지 않는 사람의 마음은 더 꼼꼼히 여러 각도에서 봐야지만 알 수 있기 때문이다. 특히나 사랑하는 이를 떠나보낸 상처가 가슴에 남아 힘들고 우울하다면, 충분히 시간을 들여 나의 감정을 들여다봐야 한다. 만약 이 시간을 충분히 허락하지 않은 채 억압하며 살아 간다면, 가슴에 박힌 상처는 우리가 평화로워지는 것을 잠시도 허락하지 않을지 모른다.

무조건 억압하지 말고 충분히 애도하기를

비가 내리니 기분까지 가라앉아 우울해진다 했다. 눈이 부시도록 밝은 해를 봤더니 눈이 시리다며 눈물을 흘렸 다. 슬픈 가사의 노래를 들으며 울었고, 신나는 리듬이 비현실적이라며 음악을 껐다.

"그냥 요새는 가만히 있어도 눈물이 나요."

한 기업의 교육장에서 만났던 미랑은 시도 때도 가리 지 않고 주책없이 흐르는 눈물 때문에 사람들과 편하게 이야기하는 것조차 힘들어졌다며 자신의 이야기를 꺼 내놓았다. 1년 전 그녀는 아버지를 떠나보냈다. 병원에 서는 6개월을 이야기했지만 그래도 가족들과 1년을 더 살다 가셨다. 처음 말기 암 선고를 받고 난 후, 다 같이 모여 특별히 말한 적은 없지만, 아마 그녀의 가족들은 마음속으로 아버지와 헤어지는 예행연습을 수없이 반 복했을 것이다. 나와 내 가족 역시도 그랬었기에 짐작할 수 있었다. 많은 사람들이 갑작스런 죽음과 다르게 병환으로 사망하는 경우 죽음을 준비하는 시간이 충분하기에 상실의 슬픔을 그럭저럭 잘 견딜 수 있다고 말한다. 하지만 내 경험상 사랑하는 사람의 죽음은 갑자기 떠나든 준비한 후 떠나든 똑같이 아프고 슬프다. 그리고 이때는 충분히 애도의 시간을 가졌는지 그저 억제하고 억압했는지가 오히려 상실의 상처를 이겨내는 데 있어서 더 중요하다.

그런 면에서 나는 아버지의 죽음을 10년에 걸쳐 준비했던 사람이다. 병원에서 마음의 준비를 하라는 소리를 듣고, 10년이 지난 후에야 아버지는 진짜 가족과 이별을 했다. 충분히 준비했다고 생각했다. 하지만 나는 아버지가 누워계셨던 10년 동안, 그리고 장례를 치르는 3일 동안 거의 울지 않았다. 그 결과 나는 충분히 괜찮지 않았다. 이런 나에게 미랑의 떨리는 목소리가 오버랩 되어 들렸다. 그녀는 큰 딸이었고, 씩씩해야 했다. 아버지가 암 선고를 받는 날도, 자신보다 더 많이 놀라고 절망했을 어머니를 걱정해 억지로 밝게 미소 지었다.

"괜찮아 아빠. 괜찮아 엄마. 말기였어도 완치된 사람도 많고, 아직 방법들이 있을 거야. 우리 웃자~ 그래야 병도 이기는 거야~." 조금도 웃을 수 없었지만 그녀는 웃어 보였다. 그렇게 웃으며 1년을 보냈다. 그리고 또 1

년이 흘렀다. 이제 그녀는 웃는 방법을 잊어버렸다.

아물지 못한 상처는 무감각을 부른다

두꺼운 유리문에 왼쪽 엄지손가락이 끼었던 적이 있다. 그 자리에서 손가락 한 마디가 시커멓게 멍이 들었다. 손톱의 안쪽이 뜨기 시작했다. 죽을 만큼 아프다며 소리를 지를 법도 한데, 나는 '아~ 아파, 너무 아프다' 한 마디를 뱉어내지 못하고, 입을 '앙' 다문 채 속으로 신음을 흘러 보냈다. 아프면 안 될 것 같았다. 퉁퉁 붓고, 시커멓게 멍든 내 손가락을 보며 엄마는 병원을 갔어야지 왜 참았냐며, 얼마나 아팠냐며 한참을 들여다봤다. 그때 내가 한 말은 "아빠는 그 힘든 뇌수술을 세 번이나 참았는데 이깟 손톱 하나 빠지는 게 무슨 대수라고. 괜찮아. 안아파."였다. 그 당시 나는 내 감정이 보내는 신호들을 알아차리기보다는 무시하며 살았었다. '괜찮아'라고 생각하기 시작하면 나는 정말 괜찮아져야 할 것 같았다. 그렇지 않으면 왠지 죄를 짓는 기분이 들기 때문이다. 그것조차 견디지 못하면서 뭘 할 수 있겠냐며, 마음 한편에 자리 잡은 또 다른 내가 자꾸 심드렁한 표정으로 나를 쏘아보며 꾸짖는 것 같기도 했다. 누구도 참으라고 강요한 적이 없는데 나는 스스로 멍에를 짊어지고 있었던 것이다. 그리고 나는 그것이 아물지 못한 상처 때문임을 미처 알아차리지 못한 채, 무감각하게 살았었다.

전쟁에서 심각한 부상을 입었던 군인의 70%는 통증을 느끼지 못한다고 한다. 살아남는 것이 더 중요한 문제였기 때문에 아픔을 느낄 겨를조차 없었던 것이다. 마음의 상처를 방치한다는 것은 나를 마치 전쟁의 참혹함 속에 가두는 것과 같다.

상실과 이별을 위로하는 5단계

미랑과 나는 상실의 경험에서 감정에 솔직하지 못했다. 그저 참고 견디는 것에 온 에너지를 쏟아 부은 것이다. 우리 두 사람 다 더 많이 실컷 울었어야 했다. 그것이 나약해 보이고, 덜 어른스러워 보이더라도 실컷 울었더라면 상처 입지 않았을지 모른다.

상실과 이별을 경험한 사람에게는 정신 의학 전문의 엘리자베스 퀴블러로스가 말한 애도의 5단계가 필요하다. 이는 '부정-분노-타협-우울-수용'의 단계를 말하는데, 내가 견디기 힘든 고통스러운 상황에서 자연스럽게 경험하게 되는 극복의 단계이기도 하다. 하지만 어떤 사람의 경우 이중 한두 가지 단계만을 경험하거나 전체를 건너뛴 상태에서, 고통이 극복됐다고 말하기도 한다. 이것은 극복된 것이 아니라 상실의 전과 후를 잠시 꿰매어 이어붙인 것밖에 되지 못한다. 꿰매어놓은 자리에 틈이 생겨 전혀 상관없는 일에도 눈물 먼저 흘렸던 미랑은 늦었지만 5단계의 애도를 새롭게 경험해보기로 했다.

✦ "그 많은 사람 중 왜 하필 저희 아버지여야 하는지, 검사 결과가 거짓이기를 빌고 또 빌었어요." ⇨ **부정**

✦ "왜 현대 의학은 암 하나 치료하지 못하는 것인지, 대형 병원 의사라는 사람들의 수준이 이렇게 형편없어도 되는 거예요? 그리고 어머니는 같이 살면서 어떻게 아버지가 아픈 것도 몰랐던 건지 너무 원망스러워요." ⇨ **분노**

✦ "그래도 아버지는 혼자 남게 되는 어머니와 저희들이 서로 원망하지 말고 행복하게 웃으며 살기를 무엇보다 바랄 거예요." ⇨ **타협**

✦ "제가 큰딸인데 아무것도 할 수 없으니까 너무 무능

력하고 바보 같다는 생각이 들어 죄송하고 또 죄송해요." ⇨ **우울**

✦ "그래도 사는 동안 아쉬울 것 없이 너무 큰 사랑을 주셨어요. 하늘에서도 저희 응원하고 지켜보고 계시겠죠?" ⇨ **수용**

비록 1년이나 지나버렸지만 미랑은 펑펑 울 수 있었다. 너무 빨리 아버지를 잊고, 가족들의 생활을 이전의 삶으로 가져다 놓으려고 무리하게 애썼다는 것도 알게 됐다. 자기가 느낀 감정을 솔직하게 안전한 공간에서 안전한 사람에게 말로 표현하는 것이 자신을 돌보는 가장 좋은 방법이라는 것도 비로소 알게 됐다. 이렇게 상실의 상황에서 자연스럽게 일어나는 애도의 5단계 반응을 경험했다면, 상실의 현실에 건강하게 적응하기 위해 해야만 하는 일이 있다.

심리 치료사 윌리암 워든은 상실을 경험한 사람들이 애도의 과정에서 해야 할 일로 '상실의 현실을 받아들일 것', '고통스러운 애도를 감내할 것', '고인을 잃은 환경에 익숙해질 것', '고인에 대한 감정적 재배치를 하고 새로운 삶에 정진할 것'을 이야기했다.

애도에 있어서 가장 중요한 것은 고인이 되었다는

것을 완전히 직면하는 일이다. 부인하지 않고 인정하는 것이다. 죽음을 현실로 받아들이기 위해서는 고인을 대상으로 하는 말의 시제를 현재에서 과거로 전환하는 것부터 시작해야 한다. '~이다'를 '~였다'로 바꾸는 거다. 예를 들면 "저희 아버지는 좋은 분이죠."를 "저희 아버지는 좋은 분이셨어요."로 바꾼다. 자연스럽게 시제가 바뀌었다면 어느 정도 수용이 이루어진 것으로 볼 수 있다.

새로운 환경에 적응한다는 것은 다른 사물과 사람에 적응하는 것을 의미하기에, 고인의 물건들을 정리하는 것 역시 지극히 자연스러운 적응의 과정이다. 여기에 죄책감을 느끼지 않아도 된다. 또한 새로운 관계를 정립하는 것이 중요하다. 웃으며 즐길 수 있는 일 찾기, 평소에 즐거웠던 일 하기, 맛있는 것 먹기 등 여러 가지 행동을 적극적으로 해보는 것이 좋다.

모든 상실은 똑같이 중요하다

몸과 마음에 남은 상처의 흔적들

어떤 기억은 떠올리는 것만으로 그때의 끔찍했던 고통을 다시금 경험하게 만들기도 한다. 우리는 이것을 트라우마 또는 심리적 외상이라 부른다. 사실 내가 이 책에서 말하고자 하는 모든 상처는 어쩌면 트라우마에 해당하는 것들이다. 교통사고, 죽음, 전쟁, 성폭력, 신체와 정서적 학대, 이별, 시험에 불합격, 건강 이상, 인간관계의 반복되는 갈등 등 그 종류와 범위는 헤아릴 수 없을 정도다.

우리가 경험한 끔찍한 과거를 완전히 지우기란 사실상 불가능하다. 하지만 기억에 남아있는 상처(트라우마)의 흔적들을 지우는 것은 분명 가능하다. 생명이 위독한 가족을 태운 구급차 안에서 '조금만 빨리 가주세요'를 외치며 심장이 조이는 고통을 경험했던 사람은 멀리서 들려오는 앰블런스 소리만 들어도 머리털이 주뻣 서고, 가슴이 조이는 느낌에 숨을 편히 쉬지 못할 것이다. 개에 물려본 사람은 작은 강아지만 봐도 심장이 미친 듯이 뛸 것이고, 너무나 사랑했던 사람에게 이별을 통보받은 사람은 타인에게 거절당하는 상황에 처하면 통제력을 잃을 것 같은 슬픔과 수치심의 감정을 느끼게 될 것이다. 일에 몰입할 수도 사람을 편히 만날 수도 없게 만드는 이것이 바로 우리의 몸과 마음에 기억이 남긴 상처의 흔적들이다.

트라우마를 경험한 사람들은 언제나 고통스런 감각속에서 살아간다. 그들의 마음에는 매일 총알이 날아다니고, 폭탄이 터지며, 요란한 경보음이 울린다. 그래서 이 고통을 더 이상 견딜 수가 없어서, 평상시와 다른 감각이 느껴질라치면 빠르게 억압하여 회피하는 것에 익숙해진 경우가 많다. 하지만 억압과 회피는 상처의 흔적을 지우는 데 아무런 도움이 되어주질 못한다. 상처의 흔적은 흥분한 감정을 가라앉히고, 마음챙김의 자세로 비판 없이 수용하며, 정서적 지지자로부터 따뜻한 공감과 위로를 받을 때 비로소 회복될 수 있다. 특히, 신뢰할 수 있는 관계 안에서의 지지 경험은 상처 회복을 위한 가장 강력한 요소가 되어준다.

슬픔을 인정받지 못하는 박탈당한 애도

우리가 경험하는 트라우마는 대부분 상실과 연결되어 있고, 모든 인간은 살면서 한 번 또는 여러 번의 상실을 경험하게 된다. 보통의 경우 회복하고 적응하지만 어떤 경우는 상처가 되어 심리적 외상을 만들기도 한다. 우선 상실의 경험을 두고 크고 작은 상황으로 구분하는 것부터 멈춰야 한다. 흔히 배우자나 자녀의 죽음을 망연자실케 하는 상실로 본다면 이혼, 이별, 애완동물의 죽음, 불합격 등은 비교적 가벼운 상실이라 생각해버린다. 하지만 한 개인에게 있어서 모든 상실은 똑같이 중요하다.

경옥은 9년을 함께 지낸 반려견을 떠나보낸 후 슬픔

을 견딜 수 없어 상담실을 찾았던 60대 여성이었다. 그녀는 마치 무기력과 우울의 감정으로 흠뻑 젖은 스펀지처럼 아무런 즐거움도 희망도 느끼지 못하는 것 같았다. 반려견은 경옥이 남편과 사별 후 키우기 시작했는데 자신이 가장 힘들 때 옆에서 그 누구보다 훌륭한 위로자가 되어주었다고 했다. 경옥이 밥을 먹는 동안은 발밑에 엎드려 조용히 기다려줬고, 경옥이 마음이 힘들어 눈물을 쏟아내면 가슴을 파고들어 경옥의 얼굴에 제 얼굴을 비비며 울음을 멈추게 해주었다는 것이다. 그녀는 계속해서 '운동을 더 시켰으면 좀 더 살았을까?', '사료, 간식을 좀 더 영양가 있는 것으로 챙겨줬으면 어땠을까?'라며 스스로를 자책하는 말들을 쏟아냈다. 잘 극복할 수 있을 거라 생각했는데 "키우던 개 한 마리 죽은 것도 그리 가벼이 못 넘기면 어쩌려고 그래?", "세상에 슬퍼할 일이 그렇게 없어?"라며 아무 일도 아닌데 나약하게 구나는 식의 주변 사람들 반응 때문에 더 우울하고 상처를 입었다고 했다.

정서 심리학에서 '슬픔'은 헤어짐이나 분리 혹은 애착의 상실에 기인한 감정으로 분류한다. 이별이나 분리로 혼자 남겨졌다거나, 속마음을 나누고 공유할 교류의 대상이 없어졌을 때 느끼는 감정이다. 특히 중요한 의미의 애착 대상을 잃었을 때 그것을 인식하지 못하거나 충분히 애도하지 못했을 때, 또 다른 사람들로부터 이때 경험하는 슬픈 감정을 온전히 인정받지 못할 때, 이것을 '박탈당한 애도'라 한다. 경옥은 애도를 박탈당했고 그로 인해 상처가 회복될 기회를 함께 박탈당하고 있었다.

누구에게 얼마나 얘기할 수 있을까

애도를 박탈당하게 되면 자신의 슬픈 감정을 타인에게 털어놓으면서 심리적 안전함을 찾기보다는 마음 밑바닥 가장 구석에 묻어두게 된다. 억제하고 억압하는 거다. 인간이 경험하는 생의 부정적 사건들은 어느 정도 상실감을 가져오고, 상실은 반드시 슬픔의 감정을 수반하게 된다. 이때 개인적 또는 사회, 문화적 수용 정도에 따라 상실의 슬픔은 표현되기도 하고 묻어두기를 암묵적으로 강요받기도 한다. 정신 의학 전문가들은 많은 정신적, 신체적 병들이 억압되고 억제되어 온전히 치유되지 못한 슬픔과 관계가 있다고 말하니, 결코 좋은 방법이 될 수 없음을 기억해야 한다.

미국의 사회 심리학자 페니베이커가 1982년 진행했

던 연구에 의하면, 상실을 경험한 사람이 감정을 솔직하게 털어놓는 것은 정신과 신체 건강에 중대한 영향을 미친다고 한다. 그는 예기치 못하게 어느 날 갑자기 배우자를 자동차 사고나 자살로 잃은 사람들이 그 이후로 건강상 어떤 문제를 갖게 되는지 연구했다. 연구진은 사회적으로 보다 편하게 그 죽음을 받아들일 수 있는, 즉 자동차 사고로 배우자를 잃은 경우가 더 나은 건강 상태를 유지할 거라고 추측했다. 나 또한 이 자료를 보며 그럴 것 같다는 생각을 했다. 부정적인 감정을 타인과 공유하는 것에 개방적인 마음이 덜한 대한민국이라면 더욱 그럴 거라는 선입견을 가졌던 게 사실이다.

그러나 결과는 의외였다. 연구에서는 배우자가 어떻게 해서 죽게 되었는지보다는 생존 배우자들이 자신의 감정을 얼마나 타인에게 이야기를 했는지가 주요 변수가 되었다. 타인에게 개인적인 경험을 털어놓는 '고백'은 그 순간 뇌파 형태, 피부 전도 수준의 수치에 안정적 변화를 즉각적으로 만드는 것은 물론, 고백 후에는 면역 기능을 개선시키면서 혈압, 심장 박동률에도 의미 있는 변화를 가져왔다.

페니베이커에 의하면, 감정을 억제하는 것은 단기적으로는 신체에 생리적인 변화를 만들고, 장기적으로는 스트레스가 축적되면서 건강에 악영향을 미친다. 또 억제는 우리의 사고를 편협하게 만들어 어떤 문제를 거시적이며 통합적으로 보는 것을 방해한다. 내가 알고 있는 지식과 경험을 결코 벗어나지 못하도록 사고 체계가 바뀌는 것이다. 그러니 페니베이커의 연구 결과에 따르면, '털어놓는 고백'이 상실의 슬픔을 애도하기 위해 꼭 필요하다. 이때의 고백이란 내가 느끼는 감정을 정확하게 인식하고, 상실의 사건에서 겪었던 의미 있는 경험에 대해 아주 적극적으로 말하거나 생각하는 것이다.

상처 입은 이에게 힘이 되는 말들

마음이 혼란스럽고 슬플 때 누구와 대화를 나누는가? 가족, 친구, 연인, 애완견, 상담사 혹은 "아무도 없는데요."라는 대답을 할지도 모르겠다. 앞서 계속해서 얘기한 것처럼, 이런 신뢰할 수 있는 안전한 관계가 있는지의 여부는 정말 중요하다. 수치스러운 기분과 죄책감, 누군가를 원망하는 마음을 솔직하게 고백하는 일 자체가 상처를 회복하는 데 필수적인 과정이기 때문이다.

만약 내가 혹시 내 주변의 누군가로부터 안전한 고백의 대상으로 지목받았다면, 상처 입은 상대가 그의 내면에서 일어나는 고통스러운 감정의 기억들을 편안하게 드러낼 수 있도록 이야기를 들어줘야 한다. 그리고 그가 보다 적극적으로 고백하고 심리적 문제를 해결할 수 있는 대안을 스스로 찾을 수 있도록 좋은 언어로 도 왔으면 좋겠다.

이를 위해 체계론적 가족 치료에서 사용하는 순환 질 문 몇 가지를 소개한다. 예를 들어 우울한 감정 때문에 무기력해져 있는 지인에게 그(그녀)가 자신의 상태를 알 아차리도록 돕고 싶다면, 아래와 같은 순환 질문을 해 볼 수 있다.

- ✦ 당신이 우울할 때, 당신의 배우자는 당신의 행동에서 무엇을 보게 될까요?
- ✦ 당신이 하루 종일 기분이 좋지 않다면, 나는 당신의 어 떤 모습을 떠올리게 될까요?
- ✦ 내가 만약 투명 인간이 되어 당신의 집에 있게 되면, 나는 무엇을 보게 되나요?
- ✦ 누가 당신의 생(生)을 영화로 만든다면 어떤 이야기 가 될 것 같나요?

순환 질문은 어떤 사건에 대해 당사자가 어떻게 느끼 는지를 직접 묻지 않고, 주변의 사람들이 어떻게 느끼 고 생각할지를 묻는다. 즉 관계를 직접 묻지 않고, 관계가 어떻게 보이는지를 묻는다. 나와 타인 또 관계에 대해 끊임없이 생각하고 느끼게 만드는 것이다. 이를 통해 타인, 제3자의 관점에서 보다 객관적으로 자신을 바라볼 수 있도록 하는 방법이다. 이러한 관점의 변화는 상처 회복의 가장 핵심 요소인 '자각의 힘'을 키우는 데 도움이 되어준다.

Part
04

상처의

집을 비우는 다섯 가지 열쇠

첫 번째 열쇠_녹슨 감정 다루기

더 이상 감정을 억압하지 말 것

가족 치료사로 유명한 존 브래드쇼는 표현되지 못하거나 해결되지 못한 억압된 감정들을 가리켜 '초기 고통'이라 말한다. 어감에서 짐작할 수 있듯이 마음의 상처가 되었던 최초의 정신적 충격을 일컫는 말로, 이것은 미해결된 감정들과 연결되어 있다. 그런 의미에서 상처의 집을 비우기 위한 첫 번째 열쇠는 오래도록 방치해서 녹이

슨 '감정 다루기'이다.

기쁨, 슬픔, 분노, 걱정, 두려움, 수치심, 죄책감… 우리는 하루에도 수없이 많은 감정을 경험한다. 이때 이런 감정들이 가지고 있는 근본적 성질은 소리를 지르거나 울고 웃는 등 어떤 형태로든 그것을 표현하려는 것이다. 그런데 만약 이런 감정을 자유롭게 느끼고 말하는 것을 허용하지 않으면, 초기 고통이 시작되고 만다.

누군가에 의해 차단당한 억압된 감정은 결국 공격적이고 폭발적인 형태로 외부로 표출되거나, 아니면 자신을 향한 비난의 목소리가 되어 내부로 표출되기 시작한다. 마음의 상처와 연결된 녹슨 감정들이 내 인생 곳곳에 침투되어 가던 길을 멈춰 세우거나 헤매게 만드는 것이다.

그렇다고 내가 느끼는 모든 감정을 반드시 표현하는 것만이 삶의 적응력을 높이는 것은 아니다. 더러는 표현하지 않는 것이 내가 원하는 목표 달성이나 인간관계 면에서 유리하게 작용하기도 한다. 하지만 표현하고 싶은 감정을 억지로 억제하는 것은 분명 나의 신체와 심리 그리고 관계나 삶에 부적응적인 모습으로 드러나게 돼 있다.

남녀 성차별이라는 이슈로 갑론을박 시끄러운 논쟁의 테이블 위에 올랐던 작품 『82년생 김지영』을 알고 있을 것이다. 당시 언론을 통해 연일 보도 자료가 쏟아져 나왔기 때문에 나는 책을 먼저 읽고 후에 개봉된 영화를 봤다. 나 역시 민감할 수 있는 주제라 생각했지만, 내가 주의 깊게 본 부분은 조금 다르다.

책을 읽으면서 내가 파악한 김지영 씨는 자신이 원치 않은 일을 경험할 때마다 반복적인 행동을 했다. 그것은 '~라고 하고 싶었지만, ~하지 않았다'라는 패턴이다.

여기에서 중요한 것이 '하고 싶었다'이다. 말하고 싶었지만 참았고, 행동하고 싶었지만 도망쳤다. 자신이 느끼는 감정을 억압하고, 회피한 것이다. 김지영 씨가 경험한 해리성정체감장애(책에서는 빙의로 표현)의 시작은 바로 억압된 감정에 있었다. 자신의 감정을 솔직하게 표현할 힘이 없었기에 곤란한 상황이 되면 언제나 그 감정 뒤로 숨는 쪽을 택해야 했다.

결국 감정은 어떤 식으로든 표출된다

감정, 영어로 Emotion의 어원은 '움직이다'라는 뜻의 라틴어 '모웨레Movere'이다. 그런데 신기하게도 동기

Motivation의 어원 또한 모웨레Movere이다. 나는 감정이 우리를 움직이게 하는 힘을 가지고 있다고 믿는다. 나를 지키기 위한 '방어의 힘'이자, 내가 원하는 것을 추구할 수 있도록 하는 '동기의 힘' 말이다.

2016년 겨울, 한 손에 촛불을 들고 다른 한 손으론 아이의 손을 잡고 걸었던 길은 1919년 3월 1일 양손에 태극기를 든 군중들이 목숨을 걸고 대한독립 만세를 외치며 걸었던 길과 같다. 100년의 시간차를 두고 우리를 이 길로 인도한 것은 분노의 감정이다. 1955년 인종차별로 자신들의 권리를 빼앗긴 채 살고 있던 흑인들을 미국의 미시시피주 거리로 불러 모은 것 또한 분노의 감정이다. '분노'는 우리들로 하여금 권리를 위해 싸우거나 외부의 공격으로부터 자신을 지키려는 방어 행동을 하게 만든다. 물론 억눌러 있던 분노의 감정은 위협적이며, 공격적인 형태의 '화'로 표출되기도 한다.

예상치 못한 감염병은 우리의 일상을 마스크 없이는 어느 곳도 갈 수 없는 처지로 만들어버렸다. '혹시 나나 가족, 가까운 지인 중에 바이러스에 감염되는 사람이 생기면 어쩌나?', '그래서 주변에 피해를 주면 어쩌나?'하며 뉴스에 촉각을 곤두세우게 만들었고, 바이러스 감염에 대한 불안과 두려움은 우리에게 마스크 착용, 손 씻기, 사회적 거리 두기와 같은 예방 수칙을 기억하고 실천하게 만들었다. '두려움'의 감정이 위험의 징후를 알아차리고 피할 수 있도록 우리를 이끈 것이다.

가끔 견딜 수 없는 슬픔이 몰려올 때가 있다. 그럴 때면 나는 가슴을 후벼 파는 노래들을 연달아 들으며 실컷 울기도 한다. 몇 분을 그렇게 울고 나면 무거웠던 마음이 가벼워진다. 눈물이 슬픔의 감정을 정화시켜주며 고통을 덜어주는 것이다. 마음을 짓누르고 있던 '슬픔'이 비워지고 나면 우리는 빈자리를 채우기 위한 움직임을 시작할 수 있게 된다. 만약 상실이나 아픔을 마음껏 슬퍼할 수 없다면 후회스러운 과거의 감정에 현재와 미래를 반납해야 할지도 모른다.

감정을 느끼는 것은 자연스러운 것이며, 감정대로 행동하려고 하는 것 또한 그렇다. 하지만 지금까지 우리가 경험한 바에 따르면, 감정은 좋은 것과 나쁜 것이 있으며 감정을 표현하는 것은 자칫 나약한 감성주의자로 평가될 수 있으니 감춰야 한다는 것이었다. 어느 순간 감정을 억제하는 것이 하나의 미덕처럼 되어버린 것이다. 그러나 이제라도 바로 알아야 한다. 자연스럽게 수용하거나 표현되지 못하고 음식 찌꺼기마냥 미해결된 채로 남아있는 감정은 위장되거나 왜곡되어 불행 바이러스를 감염시킨다는 것을 말이다.

감정이 만들어지는 기본 원리

우리가 녹슨 감정을 제거하기 위해서는 일단 감정이 만들어지고 구분되어지는 기본 원리를 알아둘 필요가 있다. 첫 번째로 감정은 환경의 자극에 대한 반응으로 일어나는 '적응적 1차 감정'과 과거의 상처와 미해결된 경험이 드러나는 '부적응적 1차 감정'이 있다. 두 번째는 상황에 대한 직접적인 반응이 아니라 1차적으로 느낀 감정에 대한 의식적 평가에 속하는 '부적응적 2차 감정'이 있다. 그리고 마지막으로 타인을 조종하기 위해 사용하는 거짓 눈물이나 반복적인 분노 등의 '도구적 감정'이 있다. 그리고 이 감정들은 언제, 어느 때고 아무렇지 않게 나타나 우리의 생각과 행동을 지배해버린다.

예를 들어보자. 대한민국의 워킹맘이 모두 그렇듯 나 또한 아이와 함께 보내는 시간이 턱없이 부족한 사람 중 한 명이다. 그리고 이것은 늘 나에게 아킬레스건으로 작용한다.

"엄마는 나랑 많이 놀아주지도 않고 흥~!" 분명 아이의 말에서 느껴지는 감정은 원하는 욕구가 충족되지 않았을 때 느끼는 서운함이다. 나는 아이가 이렇게 말할 때마다 미안한 마음을 전하며 아이의 기분을 풀어주려 애쓴다. 하지만 그것도 잠시 아이는 닭똥 같은 눈물을 뚝뚝 흘리며 속마음을 꺼낸다. "가영이 엄마는 학교 끝나고 나오니 우산 가지고 교문에서 기다리고 있던데, 엄마는 한 번도 마중 나온 적도 없고. 엄마 일 안 하면 안 돼?" 순간 친구의 엄마와 비교 당했다는 생각에 맥이 빠졌다. 그런데 말도 안 되게 그 순간 오래된 창고에 처박아둔 감정 하나가 생생하게 살아나고 말았다. 초등학교 시절 갑자기 비가 오는 날이면 연출되던 학교 앞 엄마들의 우산. 그 우산 중 나를 기다리는 우산은 없었다. 학교에서 집까지의 거리는 걸어서 30분이었다. 엄마가 갑자기 올 수 있는 거리도 아니었다.

'나도 그날 서러웠었지. 친구들이 너무 부러웠어. 엄마가 미웠었는데…' 들키지 않게 잘 숨었지만 결국 술래에게 발각되었을 때처럼 심장이 쿵쾅대기 시작했다. 상처가 되었던 그날의 감정이 되살아나자 방금 전과 다르게 나는 정말 나밖에 모르는 이기적인 못된 엄마라는 생각과 함께 죄책감이 느껴져 견디기 힘들었다.

몇 분 안 되는 짧은 시간이었지만 감정은 움직이고 있었다. 우선 내가 느낀 적응적 1차 감정은 아이의 닭똥 같은 눈물에 느낀 안쓰러움과 미안함이었다. 그리고 나름 열심히 뒷바라지하고 있는데 아이의 친구 엄마와 비교를 당하며 원망하는 소리를 들으니, 내 고생이 무의미하게 느껴진다는 방어적 생각이 만들어낸 무망감은 부적응적 2차 감정이다. 그리고 나의 어린 시절을 떠올리며 느꼈던 고독감과 서러움이 부적응적 1차 감정에 속한다.

꼭꼭 숨었지만 결국은 술래에 의해 언젠가는 모두 발견되고 마는 숨바꼭질처럼, 상처가 만들어낸 감정은 마비시킬 수도 언제까지 부인이나 왜곡으로 회피를 이어갈 수도 없다. 감정은 억제와 꾸밈으로 구할 수 있는 것이 아니기 때문이다. 감정은 있는 그대로 수용되어야 하고, 안전한 관계 안에서 솔직하게 표현되어야 하는 것이다.

안전한 대상에게, 안전한 상황에서, 안전한 방식으로

"그때 이야기를 좀 들려주시겠어요?"

상담실에 오는 내담자에게 흔히 하는 질문이다. '그때'란 이미 지난 과거다. 많게는 20~30년이 훌쩍 넘어버린 그야말로 옛날이야기일 때도 있다. 그리고 어떤 내담자는 그때를 말하고 싶어 하지 않는다.

"꼭 말해야 하나요?"

"다시 그날이 떠올라서 너무 고통스러워요."

"다시는 그때를 떠올리기도 싫고, 이야기하고 싶지도 않아요."

그러면 나는 억지로 그때를 떠올릴 필요는 없다고 말해준다. 말하고 싶지 않다는 것은 아직도 그때의 불편했던 감정이 해소되지 않았다는 신호다. 그러니 이 감정을 온전히 꺼내어보는 날이 실제 상처 치료의 시작을 알리는 날이 되는 것이다.

나는 뭔가 답답하고, 화가 날 때 크게 소리를 지르고 싶은 충동을 느낀다. 혼자 있는 공간에서 마음껏 소리를 지르고 나면 물길을 막고 있던 흙더미를 드러낸 것처럼 후련해진다. 마치 압력솥의 수증기가 요란한 소리를 내며 밖으로 빠져나올 때 느껴지는 희열, 홀가분함 같은 거다. 이렇게 감정을 느끼고 표현하는 것에 대해, 정서 중심 치료자 그린버그는 "두려움을 없애는 유일한 방법은 두려움을 느끼는 것이다"라고 했다. 원치 않는 경험 속에서 만들어진 고통스런 감정이라도 그것을 충분히 느끼고 말이나 글을 통해 표현할 때 비로소 해소될 수 있다는 거다. 내가 계속 책을 쓰는 이유도 이와 멀지 않다.

혹시 상처가 되었던 옛일을 떠올리는 것조차 아프다

면, 그때 내가 느꼈던 감정을 새롭게 체험해보길 권한다. 물론 감정을 체험하는데 발생하는 부작용들을 최소화하기 위한 안전장치는 충분히 마련해야 한다. 부작용 없이 불쾌한 감정을 안전하게 해소하려면, 신뢰할 수 있는 안전한 대상에게 하거나, 주변에 피해를 주지 않을 장소와 안전한 상황에서 하거나, 누구도 다치지 않을 안전한 방식으로 하는 것이 좋다. 세 가지를 모두 충족시키면 완벽하겠지만 한두 개만 충족시키는 상황이라도 표현하는 것이 그렇지 않을 때보다는 치유에 좋다.

대인 관계의 어려움으로 상담을 시작한 내담자가 있었다. 그는 친밀한 관계에 있는 사람들과 함께할 때는 자기 의사를 표현하는 것에 불편함이 없었지만, 유독 직장 상사 중 1명에게만은 자유롭지 못했다. 점점 출근하는 게 곤혹스러웠고, 그가 보기에 상사는 다른 직원을 대할 때와 다르게 격양된 말투와 일그러진 표정으로 그를 대했다. 상사에게 업무 보고를 해야 하는 날이면 말짱하던 배가 찢어질 듯 아팠다. 그는 자신이 일을 못하니 상사에게 미움받는 것은 당연하다며 애써 괜찮은 척했지만, 나는 그에게 상담실이 얼마나 안전한 곳인지 이해시킨 후, 빈 의자에 상사가 앉아있다고 상상하고 하고 싶었던 말을 꺼내도록 도와줬다. 그는 처음으로 마음껏 분노했고, 격양된 그의 목소리와 점점 거칠어지는 그의 숨소리로 그동안의 고통을 고스란히 느낄 수 있었다.

감정은 묶어둘 수가 없다. 내가 느낀 진짜 감정을 말이나 글을 통해 안전하게 배출시키다 보면 납덩이처럼 무거웠던 마음이 가벼워지는 것을 알아차릴 수 있다. 상사가 미웠던 내담자는 빈 의자에 마음을 표현하고 난 후 "실제 그분께 말한 것은 아니지만 마음이 한결 가벼워졌어요.", "화가 많이 났었는데 그분의 마음도 이해가 가네요.", "제가 조금 더 적극적으로 바뀌어야 할 것 같아요."라며 시원해했다.

이렇게 자신의 진짜 감정을 만나고 난 사람들은 불편했던 감정을 벗어나 훨씬 편안해질 수 있고, 자신과 상황을 수용할 수 있게 된다.

두 번째 열쇠_나와의 거리 두기

"나는 뚱뚱하지만, 당신은 묵직하네요"

상담실을 찾는 내담자 중 상당수는 회피의 성향을 가지고 있다. 그들은 아무것도 하지 않으면 아무 일도 일어나지 않는다는 신념을 가지고 있다. 뭔가 불안한 기운이 엄습해오면 '집밖은 위험해'를 실천하며 꼼짝도 안하는 사람들이다. 특히 대인 관계에 있어서 방어적이다. 타인의 평가가 무서운 거다. 그리고 대체로 그들은 자신에 대해 관대하지 않다. 그러므로 상처의 집을 비우는 두 번째 열쇠는 제3자가 되어 내 생각을 바라보는 '거리 두기'이다.

한 중견 기업에서 집단 상담을 했을 때 일이다. 임원과 부서 리더들이 참여한 터라 직급의 차이가 있었다. 불편함이 없도록 관계 형성을 하는 시간을 가지면서, 서로에게 느끼는 이미지를 형용사로 표현해보라고 했다. 자신에게 참가자들이 써준 형용사 중 익숙한 단어를 찾아보도록 했는데 한 분이 '묵직한'을 골랐다.

"'묵직한'이 어떻게 느껴지셨어요?"

"뚱뚱하다, 못생겼다, 이렇게 들렸어요."

나와 참가자들은 동시에 그를 쳐다봤다. 모두 의외의 대답이라는 표정이었다. 사실 그는 전혀 뚱뚱한 외모가 아니었다. 그에게 '묵직한'을 적어준 참가자에게 실제 어떤 의미를 전달하고 싶었던 것인지 들어봤다.

"뭔가 듬직하다, 무게감 있게 진중해 보인다, 그런 느낌을 받았어요." 모두 고개를 끄덕였다. 그리고 그때 참가자 중 한 사람이 전혀 뚱뚱하지 않으신데 자신에 대해 잘 모르는 것 같다는 피드백을 주자, 그는 "제가 어렸을 때도 가족들에게 뚱뚱하고, 못생겼단 소리를 많이 들었고요. 지금 아내도 늘 살 좀 빼라고 뚱뚱하다고 해요. 진

짜 외모에 자신이 없습니다."라고 말했다. 나는 그에게
옆에 앉아계신 분이 뚱뚱해 보이는지 물어봤다. 그는 "
아니요. 전혀 안 뚱뚱한데요. 딱 보기 좋은 체격이에요."
나는 곧바로 그에게 같은 체격이라고 말해줬다. 참가자
모두가 그렇다고 동의했다. 그는 믿을 수 없다는 표정과
제스처를 보였다.

내 생각 중 어느 것은 전혀 사실을 반영하지 못할 때
가 있다. 그리고 그것이 나의 열등감으로 작용하고 있
다면, 한 번쯤은 내 눈이 아닌 타인의 눈으로 그 사실
을 확인해볼 필요가 있다. 이것을 우리는 '자기객관화
Self-objectification'라 한다. 자기객관화란 자신을 객체로 알며,
있는 그대로의 자신과, 자기가 바라는 자신, 남들이 보
는 자신 간의 차이를 이해하는 것이다.

자기객관화를 위한 거울

여기 어떤 사람이 있다. 이 사람은 '도대체 나는 왜 이
모양일까?', '세상은 왜 나에게만 이렇게 모질게 구는
걸까?', '사람들은 왜 나에게 못되게 대하는 걸까?', '인
생의 행운은 왜 늘 나만 빗겨 가는 걸까?'라는 생각을

종종 한다. 이는 자신에 대한 가치감도 유능감도 없으며, 타인과 세상에 대한 신뢰나 미래에 대한 희망도 없는 경우다.

반면에 또 다른 누군가는 '나는 모든 것의 답을 알고 있어', '세상 사람들은 모두 나를 부러워하지', '말이 많지만 경청을 잘하니 누구든 나와 이야기하고 싶어 할걸', '사람들은 모두 내 말에 공감하고 동의해주지'라고 생각한다. 이는 이상적 자기와 현실적 자기의 차이를 인정하지 않는 것이다. 우월한 자기를 지나치게 추구하는 것으로 열등한 자기를 숨기려는 거다.

한 사람은 자신에게 너무 냉정하고, 반대로 다른 사람은 너무 관대하다. 두 사람 모두 잘못된 자기상Self-image을 가진 경우다. 그리고 두 사람 모두에겐 '상처받은 내면 아이'가 있다. 나를 사랑하는 마음인 자기애는 '자기대상'을 통해 발달한다. 이때 자기대상은 나의 거울 역할을 해주는 사람을 말한다. 외출 전 나의 상태를 파악하기 위해 거울을 보는 것과 흡사하다.

내면의 심리도 마찬가지다. 보통 거울 역할을 해주는 자기대상(부모, 형제, 친구, 애인, 동료 등)을 통해 내가 누구이고, 어떤 사람인지 이해하고 받아들이게 된다. 삶에서 자기대상을 통해 '잘한다', '예쁘다'와 같은 피드백을 자주 들은 사람은 꽤 호감형의 유능한 자기상을 가지게 된다. 반대로 '잘 못한다', '못생겼다'와 같은 피드백을 자주 들은 사람은 타인에게 인기도 없고, 무능한 자기상을 가지게 된다. 그런데 어느 한쪽으로 편향되어 굳어진 자기상은 인생의 좌절과 실패, 상처에 있어서 결코 편안하지 못한 사람을 만들어놓는다. 어쩌면 이들에게는 자기 객관화를 위한 새로운 거울이 필요한 건지도 모르겠다.

3인칭 관점에서 나를 바라보기

'벽에 붙은 파리 효과Fly-On-the-Wall Effect'라는 말이 있다. 미국의 심리학자인 오즈뎀 에이덕과 이선 크로스가 벽에 붙은 파리를 예로 들어 설명한 것에서 유래했다.

애인과 헤어진 여자가 눈물을 흘리며 집으로 돌아와 이별의 고통을 달래며 방구석에 앉아 한참을 울다가 고개를 들었는데, 벽에 파리 한 마리가 앉아있었다. 이때 여자는 마치 그 파리가 자신을 계속 쳐다보는 것 같은 묘한 기분이 들었다. 그 순간 여자는 생각하게 된다. '저 파리가 보기에 나의 이 고통과 서러운 눈물이 아무것도 아닌 걸로 보이겠지?' 고작 파리에게도 중요한 일이 아닐 거라고 생각하니 점점 기분이 초연해졌고, 냉정하게 생각해보니 오히려 헤어지길 잘했다는 생각이 들었다. 애인이야 또 만들면 된다는 생각마저 들었다. 이런 식으로 자신을 계속 관망하고 있던 파리를 통해 스스로를 돌아보는 것을 '벽에 붙은 파리 효과'라 한다. 이렇게 어떤 일에 실패하거나 좌절했을 때 제3자의 입장에서 상황을 객관적으로 바라보면, 긍정적인 결과로 이어질 수 있다. 이것이 바로 '거리 두기'의 힘이다. 1인칭 관점에서 버리지 못한 내면의 상처를 3인칭 관점에서 보는 거다.

앞서 집단 상담에서 만난 묵직한 남자는 이런 식으로 생각해볼 수 있다. '과거의 나는 못생기고 뚱뚱하다는 소리를 들으며 속상하고, 실망했다. 그래서 현실 속 나는 외모 콤플렉스가 심해져 남들 앞에 서는 것이 두렵고, 피하고만 싶다. 하지만 제3자의 모습을 한 객관화된 내가 바라보니 뚱뚱하기보다는 건장한 체격이고, 듬직하면서 신뢰할 만한 무게감이 느껴졌다.'

아이의 교육 문제로 부부싸움을 하던 중 남편이 "당신이 집에만 있어서 직장을 잘 몰라서 그러는데…"라고 말했다고 해보자. 이 말을 들은 전업주부 아내는 자신이 무능해 보이고, 남편에게 무시받는다는 생각이 들어 괴롭고 우울할 수 있다. 이때 한 발짝 뒤로 물러나서 제3자가 되어 바라보면 어떨까. '그래서 나는 누구보다 아이의 생활 습관에 대해 잘 알고 있어', '남편은 지금 직장에서 힘들다는 말을 저렇게 표현하는구나.' 이것이 내면의 상처에 매몰되지 않는 방법이다. 과거의 '내면 자아'로 고통스러워하는 현재의 '현실 자아'를 거리를 두고 떨어져서 바라봐주는 것이다. 이게 바로 상처를 인정하고 극복하게 돕는 '객관적 자아'의 힘이다.

세 번째 열쇠_공감 더하기

나를 키운 팔할은 뭘까

미당 서정주의 시 「자화상」 중 유명한 소절이 있다. "스물세 해 동안 나를 키운 건 팔할이 바람이다." 시 해석을 보면 여기에서 바람은 고통과 방황, 시련이라고 되어있다. 가끔 이 구절을 떠올리며, 나는 나를 키운 팔할은 뭘까에 대해 생각하곤 한다. 그리고 항상 떠올리는 건 '아빠'였다. 아빠가 교통사고가 나기 전까지 나는 그저 철

없이 맑은 아이로 사랑받으며 살았고, 아빠의 사고 이후부터 나는 조금의 시간도 허투루 보내면 안 되는 치열한 생을 살았다. 그리고 지금의 나는 아마도 후자 쪽의 치열한 고통 속에서 다듬어진 나라고 생각한다. 그러면서 생각해보게 된다. 고통과 시련은 나를 얼마나 성장시켰을까?

2015년 미국 명문대생들이 잇따라 자살하는 일이 있었다. 대학의 상담 센터들은 고등학교에서 1등만 하다가 명문대에 입학한 후 자신보다 우수한 학생들을 만나며 겪는 충격이 컸기 때문이라는 분석과 함께, 자살하는 배경으로 '잔디깎이 부모'를 거론했다.

'잔디깎이 부모'란 부모가 잔디 깎는 기계가 되어서 자녀가 갈 길에 있는 돌, 잡초 같은 위험 요소들을 말끔하게 제거해주는 것을 의미한다. 부모가 잘 정비해둔 길에는 오로지 성공만이 존재한다. 그런데 혹시 미처 제거하지 못한 역경과 마주하게 된다면 늘 성공만을 경험하며 달려왔던 이들은 어떻게 될까? 스스로 잘 헤쳐 나갈수 있을까? 아니면 포기하게 될까? 심리 상담사들은 지나친 과잉보호로 자녀들 스스로 독립의 기회를 앗아간 부모들에게도 책임이 있다고 지적했다.

그런가 하면 미네소타 대학의 마티 로스만 교수가 84

명의 어린이의 성장 과정을 추적해 분석한 결과, 3~4세 때부터 집안일을 도운 어린이들이 가족은 물론 친구들과의 관계가 좋아질 뿐 아니라 학문적, 직업적으로도 성공한 것으로 조사됐다고 한다. 더불어 어린 나이에 집안일을 도왔던 사람들은 집안일을 전혀 돕지 않거나, 10대가 돼서야 집안일을 시작한 사람들에 비해 자기 만족도가 높았다. 이 연구 속 등장하는 부모는 산디깎이 부모와는 다른 양육 태도를 가진 부모들에 해당할 것이다.

이런 맥락에서 중요한 개념이 바로 자기 심리학에서 이야기하는 '최적의 좌절'이다.

나와 타인에게 받는 공감의 힘

자기 심리학에서는 한 사람의 자기Self 발달을 위해서 필요한 것 중 하나로 '최적의 좌절'을 이야기한다. 적절한 역경의 반복은 개인의 성장을 위해 필요하다는 의미다. 그렇다고 좌절의 경험이 무조건 성장에 도움이 된다는 뜻은 아니다. 좌절을 경험했을 때 스스로 절망하거나 포기하지 않도록 부모 또는 부모의 역할을 하는 의미 있는 사람으로부터 충분한 이해와 수용을 받는다는 것이 전제 조건으로 필요하다. 자기 심리학의 대가 하인즈 코헛은 한 사람의 일생동안 지속되어지는 '심리 결손(상처, 외상)'은 공감적인 환경 안에서 치유될 수 있다고 했다. 그런 의미에서 상처의 집을 비우기 위한 세 번째 열쇠는 나와 타인에게 받는 공감이다.

하인즈 코헛은 신체의 삶을 유지하기 위해 공기와 먹을 양식이 필요하듯, 건강한 심리적 삶을 유지하기 위해서는 반드시 공감이 필요하다 했다. 그는 한 사람의 생애 발달에 있어서 공감을 무엇보다 중요하게 다뤘다. 그가 말한 공감은 다음 세 가지 특징을 가지고 있다.

- ✦ 첫째, 공감은 다른 사람을 이해할 수 있도록 돕는다.
- ✦ 둘째, 공감은 인간 경험의 내면세계에 대한 정보를 수집할 수 있는 도구다.
- ✦ 셋째, 공감은 치료적인 행위는 아니지만 치료의 효과를 가지고 있다.

이렇게 공감의 반응을 해주는 사람이 전 생애에 걸쳐 있어준다면, 상처를 잊고 건강한 자기 회복도 가능해진다.

공감은 격려의 미소, 손 잡아주기, 안아주기와 같이 감정에 반응해주는 '초기 공감'과 상대방의 말에 담긴 속

뜻을 알아차린 후 언어로 표현되어지는 '심층적 공감'이 있다. 심층적 공감은 상대방이 겉으로 드러내는 감정뿐만 아니라 속으로 가지고 있는 내면적 감정에 대해 반응하는 것이다.

예를 들어 "아이들에게 너무 미안하죠. 평일엔 출근에 자격증 공부하고, 주말엔 밀린 집안일을 하다보면 아이들과 보낸 시간이 전혀 없어요. 저는 정말 나쁜 엄마에요."라고 말하는 사람이 있다면, "아이들과도 많이 놀아주고, 회사일과 공부도 잘 해내고 싶지만 만족할 만큼 잘 되지 않아서 많이 속상하겠어요."로 반응하는 것이다. 이렇게 마음 깊은 공감 반응을 해주는 사람이 인생에 한 사람만 있어도 그 사람의 상처의 집은 비워질 수 있다.

아무것도 할 수 없다고 느껴질 때

그럼에도 불구하고 자신은 아무것도 할 수 없다고 말하는 사람에게는 어떻게 반응해야 할까? 만약 내 가족이, 내 친구가 그렇다면 말이다. 그리고 만약 내가 이런 감정을 느끼고 그 어떤 것에도 반응할 여력이 없다면 어떻게 해야 할까?

잠시 심리 상담사로서의 내 이야기를 하고 싶다. 심리 상담은 고통을 호소하는 내담자와 상담사가 협력해서 최선의 답을 찾아가는 과정이다. 하지만 이것이 마음대로 안 될 때가 있다. 바로 내담자가 무기력에 빠져 있을 때다.

보통 나는 내담자가 활력을 찾는 데 도움이 될 수 있도록 산책, 운동, 화초 키우기, 봉사 등의 대체로 쉬운 활동들을 해보길 제안한다. 그러나 큰 스트레스와 상처들로 심리 자본이 취약해져 있는 내담자들은 그야말로 아무것도 하고 싶지 않고, 간단한 것도 해낼 자신이 없다고 말한다. 이럴 때는 새롭고 낯선 과제를 제안하기보다는 익숙하면서 과거에 잘 해낸 성공의 경험을 떠올리게 해서 시도하도록 격려한다. 늘 실패만 했다는 사람에게 성공했던 예외의 상황들을 떠올리게 하는 것이다. 자신이 잘 해냈던 수행 경험이 있기에 대부분은 그 제안을 수락한다. 그런데 이조차도 "없어요. 전 늘 실패만 했어요. 아무것도 해결할 수 없을 거예요."라며 비극적으로 대답하는 사람들이 있다. 이 경우 그들에게 마지막으로 상담사로서의 내가 건넬 수 있는 말이 있다면, "그렇군요. 그렇게 해결할 수 없는 고통의 시간들을 지금까지 견디며 살아낸 것이네요. 너무 힘들었을 텐데 말이죠. 그 고통은 누가 견뎌낸 걸까요?"라는 물음뿐이다. 그 순간 모든 질문에 방어만 하던 내담자의 입에서 흘러나오는 한 글자는 여지없이 "저였네요." 그렇다. 바로 '나'이다.

살다보면 누구에게나 견디기 힘든 일이 찾아올 때가 있다. 아마도 지금까지 우리는 스스로에게 고통을 극복해야 한다고, 어떻게든 이겨내야 한다고, 강한 압박을 했을지 모른다. 그러나 때로는 고통을 '수용의 언어'를 통해 있는 그대로 받아들이는 것이 고통을 견디는 방법이 되어줄 때도 있다. 나에게 말을 걸어보는 자기공감의 시간을 가져보는 것이다.

- ✦ "지난 일은 되돌릴 수 없어. 이제부터 어떻게 하느냐가 더 중요해."
- ✦ "과거에 집착하는 것은 소용없는 일이야."
- ✦ "지금 이 순간만이 내가 변화시킬 수 있는 유일한 시간이야."
- ✦ "지금 일어난 일들은 그럴 수밖에 없는 어쩔 수 없는 것이었어."
- ✦ "혼자서 너무 많은 짐을 짊어질 필요는 없어."

조 코넷은 자신의 책 『실패로부터 얻은 충고』에서 "당신이 알고 있는 모든 사람 중에서 당신만이 당신을 절대로 떠나거나 잃어버리지 않을 유일한 사람이다"고 말했다. 긴 시간 상처가 정리되지 않아 고통받고 있는 사람이 있다면 꼭 해주고 싶은 말이다. 힘들다고, 숨을 쉴 수조차 없다고, 내 인생은 왜 이런 거냐며 울고 있는 나, 그런 아픈 나를 지탱시키고 있는 것 또한, 결국 나라는 사실을 잊지 않기를 바란다.

네 번째 열쇠_기억의 맥락 바꾸기

트라우마가 된 그날의 기억

죽음, 상실, 폭력, 희롱, 학대, 왕따, 이별, 죄책감…. 상처라는 이름으로 우리는 수없이 많은 심리적 외상을 경험하며 살고 있다. 그리고 많은 경우 상처는 극복하거나 수용해야 한다고 이야기를 한다. 그런데 어떤 경우는 극복하고 수용해야 한다는 그 목표부터가 상처를 더 깊이 후벼 파는 것처럼 들려 고통스럽기만 하다. 싸울 용기도, 싸울 준비도, 싸울 마음도 없다. 그저 더 이상 나를 괴롭히지만 않았으면 좋겠다. 그런 그들이 상담실을 찾아 누구에게도 말하지 않았던 비밀을 털어놓는다. 지옥 같았던 그날의 기억으로부터 벗어나기 위해 마지막 몸부림을 치는 것이다.

윤영이 기억하는 그날은 그녀가 여섯 살 때쯤으로 추측된다. 부모의 이혼 후 엄마와 살았던 윤영은 늘 외로웠고, 아빠 있는 친구들이 세상에서 제일 부러웠다. 지나가다 양복을 입고 서류 가방을 들고 걸어가는 아저씨들을 보면 '우리 아빠면 좋겠다'라는 생각을 했다.

유치원 방학이 시작되면서 직장에 출근을 해야 하는 엄마는 윤영을 외할머니 댁에 잠시 맡겨야 했다. 처음에는 엄마와 떨어져 지내는 것이 무서워 많이 울었지만 외할머니 댁에는 손님들도 많이 드나들고, 외롭지가 않았다. 특히 삼촌(남자 어른을 모두 삼촌으로 기억함)들은 윤영이 귀엽다며 머리도 쓰다듬어 주고, 맛있는 과자도 사주었다.

그중 유독 자주 드나들었던 삼촌이 있었는데 어느 날 "윤영아, 삼촌이 아이스크림 사줄까? 같이 갈래?"라고 물었다. 윤영은 삼촌과 친해진 터라 고민 없이 삼촌을 따라 나섰다. 삼촌은 오토바이를 타고 다녔는데 윤영이를 자신의 앞에 앉힌 후, 꼭 한 손으로 윤영이의 몸 전체를 감싸 안았다. 그렇게 마트까지 가는 짧은 시간 동안 삼촌은 윤영의 몸 여기저기를 쓰다듬고 만졌다. 그때는 그저 삼촌이 자신을 예뻐해주는 거라 생각했다. 그리고 윤영은 삼촌의 손길이 싫지가 않았다. 한 번도 느껴본 적 없는 아빠의 사랑이라고만 생각했던 것이다.

윤영이 자라는 동안 외할머니 댁에 갈 때마다 그 삼촌을 만났다. 삼촌이 윤영을 대하는 방식은 늘 같았다. 삼촌은 자주 윤영의 팔과 다리를 쓰다듬으며 "윤영이는 피부도 하얗고, 부드럽고 너무 예쁘다. 나중에 삼촌 색시하자. 알았지?"라고 말했었다.

윤영은 한참이 지나고 나서야 그때 자신이 경험한 게 성추행이라는 사실을 알게 되었다. 그 후로 더 이상 외할머니 댁에 가지 않았다. 아무리 어리다고 해도 왜 그렇게 어리석게 행동했는지 후회되고, 자신이 벌레처럼 느껴졌다. 그녀는 여전히 그때의 기억으로부터 자유롭지 못했다.

이미지 재구성을 통한 기억의 맥락 바꾸기

상처의 집을 비우기 위한 네 번째 열쇠는 기억의 맥락을 바꾸는 것이다. 우리는 살면서 경험한 의미 있는 사건들을 마치 그림을 그리거나 사진을 찍듯이 이미지(심상)로 저장한다. 기쁘고 즐거웠던 기억은 추억이라 말하고, 고통스러웠던 기억은 스트레스 또는 외상이라고 말하며, 이것들 역시 심상으로 저장이 된다. 그리고 이 책에서는 이러한 스트레스 사건 모두를 '상처'로 표현했다.

윤영이 겪은 사건은 그 당시에는 큰 감정을 일으키지 않았다. 하지만 성 인지가 발달되면서 기억을 떠올렸을 때 자신이 벌레처럼 느껴졌고, 이는 극심한 스트레스를 받았음을 의미한다. 그때의 기억을 동영상 편집기의 기능처럼 잘라내고 버릴 수만 있다면 그렇게 하고 싶을 것이다.

과거의 상처가 사라지지 않고 끈질기게 인생을 따라다니는 이유는 그것을 대체할 수 있는 긍정적인 경험이 새롭게 업데이트 되지 않았기 때문이다. 또한 극심한 스트레스나 외상의 사건들은 앞서 설명한 것처럼 언어적 인지 형태로 기억에 저장되기보다는 이미지, 즉 시각적 인지로 저장되기 때문에 감정에 더 크게 영향을 미친다. 그러므로 이때는 시각적 인지를 활용한 맥락의 업데이트가 답이 될 수 있다. 때로는 있었던 일을 기억해내는 것보다 일어나지 않은 일을 상상하는 편이 나을 때도 있기 때문이다.

학창 시절 우리는 흔히 낙서를 하면서 스트레스를 풀기도 했다. 그런 방법을 심리 치유에서도 쓸 수 있다. 먼저 자신이 스트레스를 받는 장면을 정확하게 그린 후 온갖 방법을 사용해서 그 장면을 다른 장면으로 낙서처럼 덧그려 바꿔본다. 원래의 이미지를 다른 이미지로 교체하는 것이다. 소위 '심상재각본' 또는 '이미지 재구성'이라는 방법으로 잘 알려져 있는 이 기법은, 잊혀지지 않는 스트레스 장면을 신기하게 잊게 해주는 묘약이 될 때가 많다. 나의 그림 실력이 피카소나 라파엘 급은 아니라는 전제 하에, 내가 상상한 것에 훨씬 못 미치는 그림을 그리는 것으로 1차 스트레스를 누그러뜨리고, 결국에는 그 기억마저 다른 장면으로 자연스럽게 흘러가게 만들어 우리를 스트레스 받는 생각에서 벗어나게 해준다.

여섯 살의 나를 위한 서른세 살 나의 용기

여섯 살의 윤영은 할 수 없었지만 서른세 살의 윤영이라면, 자신이 할 수 있는 다른 맥락에서의 방법들을 생각

226

해볼 수 있다. 마음에 상처가 깊은 사람들은 자신에게는 상대를 이길 힘이 없다고 말한다. 자신에게 상처를 줬던 사람을 극복할 수도, 수용할 수도 없다는 거다. 그래서 억울하고 분하지만 마음에 담고 살아가려고 한다. 하지만 그들의 말은 틀렸다. 과거의 나는 작고, 어리고, 힘이 없는 나약한 존재일 수 있다. 하지만 현재의 나는 몸도 마음도 어른이 되었다. 그리고 마음의 상처를 치유하는 것은 과거의 내가 아닌 현재의 내게 주어진 몫이다. 그러니 충분히 용기 내 볼 수 있지 않을까.

1. 외상 사건을 떠올리면 가장 강렬하게 떠오르는 장면을 그림으로 그린 후 그것에 대해 이야기한다.
2. 시간이 흘러 과거의 나보다는 힘이 있고, 더 좋은 자원을 가지고 있는 현재의 내가 그 사건을 어떻게 바라보고 있는지에 대해 이야기한다.
3. 실현 가능성을 염두에 두지 말고 어떤 상상이어도 괜찮으니, 여섯 살 윤영이가 웃을 수 있을 때까지 해줄 수 있는 것들을 충분히 해준다. 그것을 다른 색깔 펜을 이용해 1번 그림 위에 덧그리도록 한다.
4. 3에서 재각본된 심상(이미지)을 떠올리고 그것의 의미에 대해 질문한다.

혹시 그림을 직접 그릴 수 있는 상황이 아니라면 눈을 감거나 사람이 없는 다른 곳을 응시하며 머릿속으로 마치 한 컷의 사진을 떠올릴 때처럼 이미지를 떠올려보는 방법으로 진행할 수도 있다. 이제부터 그날의 기억이 떠오를 때마다 윤영은 자신이 새로운 맥락에서 그린 그림을 떠올리게 되고, 이를 통해 고통을 약화시킬 수 있다.

이미지 대체를 한 번 했다고 해서 과거의 기억이 영상을 잘라내듯 말끔하게 기억에서 지워지는 것은 아니다. 처음엔 외상의 장면과 대체 이미지가 교차하며 떠오를 것이다. 그러다가 점점 외상의 장면은 흐려지고 대체 이미지는 선명해지기 시작한다. 그렇게 점진적으로 고통의 순간을 벗어날 수 있게 되는 것이다.

다섯 번째 열쇠_내려놓기

포기할 수밖에 없던 것을 받아들이기

현재 나의 직업은 대부분 어린 시절부터 수없이 많은 내적 타협을 통해 선택됐을 가능성이 높다. 유치원생 철수가 말한다. "전 이다음에 커서 대통령이 될 거예요." 초등학생 철수가 말한다. "전 이다음에 커서 연예인이될 거예요." 중학생 철수가 말한다. "전 무대 예술 감독이 될 거예요." 고등학생 철수가 말한다. "전 분장사가 될 거예요." 스무 살의 철수가 말한다. "대기업에 취직하는 게 최고죠."

어린 시절에는 흥미에 따라 이상적인 직업을 선호하지만 점점 성장하는 과정에서 자신의 적성과 능력, 환경적 조건 등 현실적인 이유로 포기를 하게 된다. 직업 선택의 과정에서 설득과 포기, 타협을 하게 되는 것이다. 그런데 만약 자신의 욕구와 욕망을 끝까지 포기하거나 타협하지 못한다면 어떻게 될까? 미해결된 욕구와 감정을 안고 살아가야 하니, 당연히 행복과 멀어질 수밖에 없다. 이번 장에서는 직업을 예로 들어 이야기할 예정이지만, 실제로 욕망과 욕구로 인한 상처의 범위는 훨씬 광범위하므로, 포기하기 힘든 자신의 욕구를 대입해 생각해보길 바란다. 그래서 상처의 집을 비우는 다섯 번째 열쇠는 '내려놓기'이다.

기정은 어린 시절부터 흉악범들을 검거하는 멋진 형사가 되는 것이 꿈이었다. 경찰 대학에 진학하고 싶었지만 그러진 못했다. 일반 대학에서 행정학을 전공 후 경찰 간부 후보생 시험을 준비하며 3년의 시간을 보냈지만 매번 합격자 명단에서 기정의 이름은 찾을 수 없었다. 그러다 부모의 용돈에 의지하며 시험 준비만 하고 있는 것은 가족들에게 너무 미안한 일이란 생각이 들어 욕심을 내려놓기로 했다. 부모님과 약속한 마지막 1년, 열심히 공부한 끝에 9급 교정직 공무원이 될 수 있었다. 범인을 잡느냐 잡힌 범인들의 교화를 위해 일하느냐의 차이다. 어떻게 보면 비슷한 영역의 일이기도 했다.

부모님은 형사가 되면 뛰어다니느라 몸만 축나고 밥도 제대로 못 챙겨먹는다며, 그리고 안정적인 공무원이 최고라며, 아들의 기를 세워주려 애썼다. 기정도 잠시동안은 합격했다는 사실에 기뻤다. 그래도 그동안 헛공부한 것은 아니라는 생각에 위안도 되었다. 그런데 1년정도 함께 경찰 간부 시험 준비를 했던 동생에게서 어느 날 소식이 도착했다. "기정이 형 잘 지내요? 저 드디어 합격했어요. 형도 포기 안 하고 조금만 더 했으면 됐을 텐데, 안타까워요. 합격하니 형이 제일 먼저 생각나서 연락드려요." 진짜 축하한다며, 애썼다고 축하 문자를 보내줬다.

하지만 그날 밤부터 시작된 복통이 사흘째 이어졌다. 사촌이 땅을 사면 배가 아프다더니 자신이 딱 그 처지가 된 것 같았다. '야~ 김기정, 너 이것밖에 안 되냐?' 자신을 향해 비난의 화살도 쏘아본다. 밴댕이 소갈딱지가된 것만 같아 스스로가 너무 실망스럽다. 한편으론 마음속으로 몇 번이고 되뇌어 본다. '경찰만큼 교정직도 충분히 가치 있어, 난 지금 너무 행복해. 만족해.' 어떻게든 후배를 부러워하는 마음이 올라오지 않도록 최선을 다해 자신의 생각을 통제해 보려고도 애쓰지만, 생각을 없애려 하면 할수록 '그 자식은 무슨 복을 타고난 거지. 나도 포기만 했으면 지금쯤 합격했겠지, 아~~ 이게 다 엄마 때문이야!'라며 반추하게 된다.

　우리가 직업을 선택하는 과정에서 경험하는 선택과 포기, 타협의 과정은 커다란 심리적 스트레스가 된다. 고트프레드슨의 진로 포부 발달 이론에 따르면, 한 사람이 현재의 직업에 만족하고, 적응하기 위해서 필요한 것 중 하나가 자신이 포기할 수밖에 없었던 것들을 받아들이는 과정이라고 한다. 그리고 선택한 직업에 맞게 자신의 기대와 욕구를 변화시킬 수 있어야 한다고 말한다.
　하지만 지금 기정은 받아들이는 일이 힘들다. 그래서 누군가에겐 강렬히 열망하고 소망할 수 있는 교정직에 만족하지 못하고, 그 이상의 어떤 포부도 가질 수가 없는 것이다.

불행의 이유를 찾기보단 행복해지는 방법을

무섭고 큰 괴물과 줄다리기를 하고 있다고 상상해보자.

나와 괴물 사이에는 밑바닥의 깊이를 도저히 알 수 없는 아주 커다란 구덩이가 있다. 만약 내가 괴물과의 줄다리기에서 진다면 나는 십중팔구 구덩이에 떨어지고 말 것이다. 그러니 나는 구덩이에 떨어지지 않기 위해 온힘을 다해서 그 줄을 잡아당기고 또 잡아당긴다. 그런데 문제는 괴물 또한 내가 잡아당길수록 더 힘껏 잡아당긴다는 거다. 그렇다면 이 순간 내가 해야 할 일은 무엇일까? 그것은 바로 밧줄을 내려놓는 것이다. 그리고 내가 가야 할 길을 가면 된다.

"제가 욕심만 내려놓을 수 있다면 지금 일에 만족할 수 있을 거고, 아픈 곳 없이 행복하겠죠?" 많은 사람들은 행복하지 않은 이유에 대해 자신이 원하는 삶을 방해하는 장애물을 떠올리고 핑계처럼 말한다. '그것 때문에~' 혹은 '그것만 아니었더라면~'의 이유를 찾기 바쁘다. 그 이유를 찾고 있기 때문에 현재가 다시 불행해진다는 것을 알아차릴 수만 있다면 좋을 텐데, 그것이 어렵고 인정하고 싶지 않은 거다.

하지만 행복해지는 방법은 의외로 간단하다. 욕심을 내려놓는 것에 에너지를 쓰지 않는 것이다. 그냥 욕심을 내려놓는 게 어렵다고 받아들이고 인정하는 것이다. 욕심을 부리는 건 그것이 있어야지 만족이 된다는 건데 어떻게 채워지지 않은 상태에서 포기할 수 있겠는가? 그러니 그냥 있는 그대로 사실을 인정하는 거다. '욕심을 내려놓기 어려워'라고 말이다.

그렇게 되면 내가 에너지를 써야 하는 목표는 '지금 일에 만족하고 싶다'는 뒷말이 된다. 과거에 했었어야 하는 것에 매달리기보다는 지금 하고 있는 것과 앞으로 해야 할 것에 에너지를 쓰는 것이다. 이는 내 일에 자부심을 느끼며 만족하려면 무엇을 해야 좋은지, 이 가치에 접근할 수 있는 것들을 떠올려보는 걸 의미한다.

내가 교정위원으로 활동하며 알게 된 교도관 중에도 현재에 충실히 집중하며 수감자들의 교화에 온힘을 다하는 분이 계신다. 그분은 수감자들은 충분히 변할 수 있을 거라는 확신을 가지고, 그들의 교화를 위해 자신의 모든 인맥을 총동원해 각계 유명한 분들이 직접 출강해주는 인문학 인성 과정을 만드셨다. 또 그들이 출소 후 사회에 잘 적응할 수 있도록 직업 개발에도 힘쓰셨다. 출소한 수감자들 중 많은 이들이 그분을 엄마처럼 친구처럼 따르며 변화된 자신의 삶을 편지나 전화로 알려온다. 출소한 수감자들과 정기적 만남과 별도의 교육도 마련한다. 그분은 늘 바쁘지만 늘 에너지가 넘치고 웃음을 잃지 않는다. 자신의 일에서 진짜 보람을 만끽하고 계신 거다.

내 삶의 우선순위를 찾을 것

라인홀트 니부어의 기도문 중에 잘 알려진 문구가 있다. "주여, 제게 허락하여 주소서. 바꾸지 못할 것들을 받아들이는 평온함과 바꿀 수 있는 것을 바꾸는 용기, 그리고 이 둘을 분별할 수 있는 지혜를 허락하여 주소서." 기정에게 지금 필요한 것은 이 기도문처럼 바꿀 수 없는 것과 있는 것을 구분하고, 바꿀 수 있는 것에 집중하고 실행으로 옮기는 것이다. 그래서 그가 지금 일에서 만족할 수 있도록 새로운 가치를 발견해보기로 했다.

우선 삶에서 어떤 가치가 우선시 되고 있는지 개인적 가치를 평가하고 확인하여 명료화하는 과정이 필요하다. 가족, 친구, 연인 등의 관계 영역과 일, 직업 등 개인 성장과 발달 관련 영역, 또한 레저, 스포츠, 종교, 건강 등 여가 영역 중에서 무엇이 중요하다고 생각하는지 개인적 가치의 우선순위를 작성해보는 것이다.

만약 우선순위를 정하는 것에 어려움을 느낀다면 내가 추구하는 핵심 가치를 간접적으로 확인하기 위해 '묘비문'을 작성해보는 것도 좋다. 우리에게 잘 알려진 '우물쭈물 하다가 내 이럴 줄 알았지'는 작가 조지 버나드 쇼의 묘비문이다. 이것은 우물쭈물 하다가 인생에 후회할 것들을 남길 수 있으니 그러지 말라는 뜻이다. 그러니 묘비문으로 보았을 때 그의 우선 가치는 개인 성장과 발달 영역에 있음을 짐작할 수 있다. 직접적으로 가치의 우선순위를 정하기 어렵다면 묘비문 작성하기를 통해 간접적으로 우선 가치를 명료화해보는 것도 좋다.

그런 다음에는 가치 추구에 몰입할 수 있도록 구체적인 단기 및 장기 목표와 행동 계획을 세운다. 이때는 목표 달성을 위한 행동을 실천하는 것이 중요한데, 우리의 계획은 작심삼일로 끝나는 경우들이 꽤 많다. 그래서 목표 수립의 단계에서, 자신의 실천을 방해하는 심리적 장애물에 대해 생각해볼 수 있는 '목표-행동 기록지'를 작성하는 걸 추천한다. 당연히 장애물이 제거된 행동 계획이 몰입력을 더 높여줄 것이기 때문이다. 다음은 기정이 작성한 목표-행동 기록지이다.

목표-행동 기록지 작성하기 연습

목표	실행	관련 행동	장애물
가치(목적)를 이루기 위한 수단(방법)	목표 달성 날짜	목표 달성을 위한 구체적 행동 계획	심리적 장애물
평화로운 삶을 위해 수감자들의 교정, 교화에 힘쓴다	근무 기간 동안 계속 (장기)	생활 부적응자의 신상, 가족사항을 면밀히 파악 후 개별 상담을 진행하여 불만요인을 제거할 수 있도록 고충팀 업무를 지원한다.	자신에 대한 무능감

내가 계획한 것을 행동으로 옮길 때 어떤 생각이나 감정이 올라오는지와 방해하는 장애물이 무엇인지에 대해 생각해보자. 이때 나의 행동을 자꾸만 방해하는 장애 요인들을 억제하려 애쓰지 말고, '나에게 그런 감정과 생각이 올라오는구나'를 그냥 인정하는 태도가 필요하다. 이것이 라인홀트 기도문의 평온을 얻는 방법이 될 것이다. 그렇게 장애 요인이 제거된다면 나는 계획한 행동에 몰입할 수 있게 된다.

우리 모두는 때로 욕망과 싸우며 상처를 받곤 한다. 이때 내려놓을 수 없는 욕망의 밧줄을 붙잡고 씨름하기보다는, 내가 정한 가치 추구를 위해 당장 할 수 있는 일이 무엇인지, 구체적인 목표와 계획을 세우고 실행하는 것에 전념해보자. 이렇게 욕망의 밧줄을 내려놓을 수만 있다면 더 이상 내 마음의 상처가 파놓은 구덩이에 빠져 허우적대는 일은 생기지 않을 것이다.

EL 02.2011.10
Avery, Milton
Sandbank (now Altmar) New York, March 7, 1885 – New York
City, January 3, 1965
Seated Girl with Dog 1944
Oil on canvas
44 x 32 inches
45 7/8 x 33 7/8 x 1 ¾ inches (framed)
Signed and dated in black paint, lower right: "Milton Avery 1944"
Collection Friends of the Neuberger Museum of Art
Purchase College, State University of New York
Gift from the estate of Roy R. Neuberger

상처 주는 것들과의 이별

1판 1쇄 인쇄	2020년 10월 8일
1판 1쇄 발행	2020년 10월 15일
지은이	손정연
발행인	정욱
편집인	황민호
본부장	박정훈
책임편집	김순란
마케팅	조안나 이유진
국제판권	이주은
제작	심상운
발행처	대원씨아이㈜
주소	서울특별시 용산구 한강대로15길 9-12
전화	(02)2071-2017
팩스	(02)749-2105
등록	제3-563호
등록일자	1992년 5월 11일
ISBN	979-11-362-4988-3 03180